北京市社会科学基金重点项目（项目编号：14JGA010）

京津冀会展业
战略布局与协同发展研究

刘大可 等著

中国社会科学出版社

图书在版编目（CIP）数据

京津冀会展业战略布局与协同发展研究/刘大可等著.—北京：中国社会科学出版社，2021.1
ISBN 978-7-5203-3810-3

Ⅰ.①京… Ⅱ.①刘… Ⅲ.①展览会—产业发展—研究—华北地区 Ⅳ.①G245

中国版本图书馆 CIP 数据核字（2018）第 292204 号

出 版 人	赵剑英
责任编辑	车文娇
责任校对	周晓东
责任印制	王 超
出　　版	中国社会科学出版社
社　　址	北京鼓楼西大街甲 158 号
邮　　编	100720
网　　址	http：//www.csspw.cn
发 行 部	010-84083685
门 市 部	010-84029450
经　　销	新华书店及其他书店
印　　刷	北京明恒达印务有限公司
装　　订	廊坊市广阳区广增装订厂
版　　次	2021 年 1 月第 1 版
印　　次	2021 年 1 月第 1 次印刷
开　　本	710×1000　1/16
印　　张	12.5
插　　页	2
字　　数	181 千字
定　　价	68.00 元

凡购买中国社会科学出版社图书，如有质量问题请与本社营销中心联系调换
电话：010-84083683
版权所有　侵权必究

前　言

21世纪前20年，中国会展业异军突起，会展基础设施不断完善，产业规模不断扩大，中国在场馆面积、展会数量等方面已经成为名副其实的"会展大国"。中国会展业在国民经济中的地位和作用日益凸显，国际影响力不断提升。

京津冀地区是中国会展业的传统重镇，会展活动在落实国家发展战略、促进投资贸易增长、拉动区域经济发展等方面发挥了不可或缺的重要作用。但是，相对长三角、珠三角地区而言，由于存在经济增长相对较缓、场馆设施相对落后等原因，京津冀地区会展业与长三角及珠三角地区相比，差距不断扩大。

2014年中央将京津冀协同发展上升为重大国家战略，明确要求京津冀地区要坚持优势互补、互利共赢，通过协同发展，促进环渤海经济区发展，带动中国北方腹地发展。如何借助国家战略契机、优化京津冀会展业布局、促进京津冀会展业协同发展、改变相对弱势状态，成为当时非常重要的课题。

在这种背景下，由我作为主持人申报的"京津冀会展业战略布局与协同发展研究"获得北京市社会科学基金重点项目立项（编号：14JGA010），参与的主要成员有王起静、刘林艳、刘畅、许忠伟、王成慧、高凌江、王馨欣。在课题组成员的共同努力下，该项目于2017年顺利结项，研究成果引起了较大的社会反响。例如，作为该项目的阶段性成果之一，《中国贸易报》2016年10月13日发表的《刘大可：京津冀应建大型展览场馆》一文，明确建议应在北京大兴机场附近区域建设40万平方米左右的大型展览场馆，并配套建设京津冀会展产业园。这一建议不仅引起相关部门的高度重视，而且有望在 2020 年之后落地实施。正是由于该研究成果具有较强的前瞻性，中国会展经济研究会授予该课题研究报告"改革开放 40 周年会展经济研究优秀成果奖一等奖"。

本书是基于该项目研究报告而形成的著作。由于出版日期与成稿日期已经相距三年，期间相关社会经济数据、会展场馆设施、展会数量等均有了较大变化，但书中关于京津冀会展业基础状况的研究、对优化布局的研究及提出的相关政策建议仍然具有较高的指导意义。为更好地反映项目研究期间的情况，相关数据没有进行更新。

在本书付梓出版之际，我要向课题组全体成员表示衷心感谢。在课题申报、课题研讨、文稿写作及修改过程中，大家精诚团结、齐心协力，各位成员都付出了巨大心血，本研究成果是大家集体智慧的结晶。当然，作为项目负责人，书中的纰漏和不足，主要由我本人负责。

最后，特别感谢中国社会科学出版社的工作人员，他们极为认真和富有效率的工作保证了本书的及时出版。

刘大可
2021 年元旦

目 录

第一章 研究背景与研究设计 ………………………………… 1

第一节 研究背景与研究价值 …………………………………… 1
第二节 已有研究文献的回顾与评析 …………………………… 6
第三节 研究设计与主要内容 …………………………………… 11

第二章 京津冀会展业协同发展的理论依据 ………………… 16

第一节 协同发展的理论基础和经济效应 ……………………… 16
第二节 产业协同是京津冀协同发展的必然选择 ……………… 23
第三节 京津冀会展业协同发展的必要性 ……………………… 29
第四节 京津冀会展业协同发展的可行性 ……………………… 32

第三章 京津冀地区会展业的发展现状 ……………………… 40

第一节 京津冀地区展览会发展概况 …………………………… 40
第二节 京津冀地区展览场馆的建设现状 ……………………… 46
第三节 京津冀地区会展业促进政策比较 ……………………… 52
第四节 京津冀地区会展业发展环境分析 ……………………… 66

第四章 长三角和珠三角会展业协同发展分析 ……………… 76

第一节 案例研究方法和样本选取 ……………………………… 76
第二节 长三角和珠三角会展业协作动因比较 ………………… 78
第三节 长三角和珠三角会展业协作要素比较 ………………… 82

第四节　会展业协同发展的绩效与案例启示 …………… 100

第五章　京津冀会展业空间布局协同发展研究 …………… 106
第一节　会展业空间布局的理论研究 …………………… 106
第二节　京津冀地区会展业空间布局现状 ……………… 110
第三节　京津冀地区会展业的发展条件 ………………… 117
第四节　京津冀地区会展业空间布局协同发展构架 …… 126

第六章　京津冀会展业协同发展的产业选择 ……………… 132
第一节　京津冀地区的产业与消费特征 ………………… 133
第二节　京津冀经济辐射区的产业与消费特征 ………… 140
第三节　京津冀地区展览会行业分布现状 ……………… 150

第七章　京津冀会展业战略布局与协同发展构架 ………… 155
第一节　京津冀会展业的战略构想 ……………………… 155
第二节　京津冀会展业协同发展的构架设计 …………… 156

第八章　研究结论与对策建议 ……………………………… 176
第一节　研究结论 ………………………………………… 176
第二节　对策建议 ………………………………………… 182

参考文献 ………………………………………………………… 188

第一章 研究背景与研究设计

第一节 研究背景与研究价值

"研以致用"是对应用研究课题的基本要求。应用研究课题的选择必须切合时代与现实需要，研究结论需要尽可能做到对改进实际工作有所帮助。正是从这些应用研究的基本要求出发，本书所进行的研究主要基于以下四个方面的背景。

一 京津冀协同发展需要会展业有所作为

京津冀协同发展是为了打造现代化新型首都圈、疏解北京市非首都核心功能而提出的一项国家层面的战略举措，目标是通过优化调整京津冀地区的城市布局和空间结构，推动公共服务共享，推进产业升级，加快市场一体化进程，最终形成京津冀目标同向、措施一体、优势互补、互利共赢的协同发展新格局。

按照习近平主席的要求，推进京津冀协同发展需要从以下七个方面着手：一是要着力加强顶层设计，抓紧编制首都经济圈一体化发展的相关规划，明确三地功能定位、产业分工、城市布局、设施配套、综合交通体系等重大问题，并从财政政策、投资政策、项目安排等方面形成具体措施。二是要着力加大对协同发展的推动，自觉打破自家"一亩三分地"的思维定式，抱成团朝着顶层设计的目标一起做，充分发挥环渤海地区经济合作发展协调机制的作用。三是要着力加快推进产业对接协作，理顺三地产业发展链条，形成区域间产业合理分布和上下游联动机制,对接产业规划,不搞同构性、同质化发展。四是要着力调整优化城市布局和空间结构,促进城市分工协作,提高城市群一体化水平,提高其综合承载能力和内涵发展水平。五是要着力扩大环境容量生态空间,加强生态环境保护合作,在已经启动大气污染防治协作机制的基础上,完善防护林建设、水资源保护、水环境治理、清洁能源使用等领域合作机制。六是要着力构建现代化交通网络系统,把交通一体化作为先行领域,加快构建快速、便捷、高效、安全、大容量、低成本的互联互通综合交通网络。七是要着力加快推进市场一体化进程,下决心破除限制资本、技术、产权、人才、劳动力等生产要素自由流动和优化配置的各种体制机制障碍,推动各种要素按照市场规律在区域内自由流动和优化配置。① 从京津冀协同发展的总体目标和习近平主席提出的具体要求看,京津冀协同发展是一项非常复杂的系统工程,京津冀地区的未来发展不是简单的区域合作,重要的是需要从社会、经济、文化等层面实现"协同发展",从大的区域视角寻求最优发展方案。

会展业作为一种具有产业引领价值的高端服务业,不仅能够给主办城市带来创意策划、广告传媒、装饰搭建、住宿餐饮、交通物流、观光旅游等领域的直接收益,而且能够给主办地区带来全球最新的商业理念、最新的生产技术、最有价值的商业信息和最全面的贸易网络。因此,会展业不仅应该借助京津冀协同发展的机遇实现行业自身的快速发展,成为京津冀一体化协同发展的优先领域,而且应当充分发挥其产业引领作用,为加快京津冀产业协同发展提供"新引擎"。

二 京津冀地区会展业的发展面临许多重大困难

如前所述,会展业作为一种高效率的投资与贸易促进平台,不

---

① 资料来源于习近平主席2014年2月26日在听取京津冀协同发展专题汇报时的讲话(http://news.xinhuanet.com/photo/2014-02/27/c_126201296.htm)。

仅能够有效拉动举办城市相关服务业的增长，而且能够带来新的理念、产品、技术和信息，从而为举办地区的经济增长注入持久动力。京津冀地区作为我国经济相对发达的区域，不仅有广阔的会展业发展空间，而且也迫切需要以知名展会为平台，为该地区的投资与贸易注入活力。

京津冀三地都十分重视会展业的发展，并取得了较好的成效。例如，北京市早在"十一五"期间就出台了《北京市"十一五"时期旅游业及会展业发展规划》，河北省早在2005年就颁发了《河北省会展业发展规划纲要（2006—2010年）》，天津市近年来每年都会印发《天津市大型会展论坛活动计划》，以此来促进和规范会展业的发展；与此同时，京津冀三地政府还出台了不少实质性的财政、税收、人才引进等方面的专项政策，为会展业的发展创造良好的环境。在这些政策措施的引导下，京津冀地区的会展业取得了明显成效。例如，北京的展览收入已经从2008年的年收入56.7亿元人民币，增长到2014年的92.5亿元人民币[1]；天津市的展览面积已经从2011年的121万平方米增长到2015年的346万平方米；河北省的展览面积也已经从2011年的118万平方米增长到2015年的274万平方米。[2]

虽然从自身的视角看京津冀地区会展业已经取得了较大进展，但是放到全国会展业发展的大局来看，京津冀地区在全国主要经济区会展业的相对地位近年来却出现了明显下滑，甚至还出现了不少知名展览会转移到上海举办的现象。根据中国会展经济研究会的统计，2015年全国展览面积超过10万平方米的展览会共有124个，其中长三角40个，珠三角33个，而京津冀只有12个；2015年各行业排名前三位的363个展览会中，长三角有118个，占32.5%，珠三角有84个，占23.1%，京津冀只有40个，仅占11%。更糟糕

---

[1] 资料来源：北京市统计局官网（http://www.bjstats.gov.cn）。
[2] 资料来源：中国会展经济研究会发布的2011—2015年《中国展览数据统计报告》。

的是，北京国际服装服饰博览会（CHIC）、中国国际汽车商品交易会（CIAPE）等重量级展览会相继从北京移师上海，从而使本已落伍的京津冀会展业更为雪上加霜。

会展业作为一种具有强大"外部经济性"的高端服务业，不仅能够直接拉动举办城市服务业的增长，而且有助于提升举办地的区域形象，促进举办地产业结构的调整和培育新的经济增长点。对举办地而言，会展业衰退损失的不仅仅是短期的经济收益，更严重的是可能损失长期的发展机遇。因此，需要高度重视京津冀地区会展业当前的发展态势，认真研究京津冀协同发展过程中可能给京津冀会展业带来的新机遇，通过采取有效措施扭转会展业目前的颓势。

三 京津冀会展业协同发展缺乏有效的理论与实践探索

早在20世纪80年代中期，国家为了实施国土整治战略，已经将京津冀作为试点地区之一开展过全面性的国土整治工作，希望通过区域分工协作，发挥资源比较优势，优化产业和人口布局，从而实现区域协调发展。但是从实际运行的效果看，这次改革主要在跨区域交通基础设施建设、水资源节约利用、土壤污染等方面取得了一定成效，没有从更广泛的领域实现协同发展。21世纪初期，为了配合北京市新的功能定位和天津滨海新区大规模建设，由国家发改委牵头在河北廊坊举办了"京津冀区域合作论坛"，会上提出了在公共基础设施、资源和生态环境保护、产业和公共服务等方面加速一体化进程的愿望，但是，由于国际金融危机爆发等原因的影响，这些构想最终没能落地。这意味着，京津冀地区以往的合作，要么局限于局部领域，要么局限于一般构想，对推动京津冀地区协同发展所发挥的作用非常有限。

而这次由习近平主席倡导的京津冀协同发展战略，不仅具有明确的目标导向，而且提出了全方位的发展路径。2015年4月由中共中央政治局审议通过的《京津冀协同发展规划纲要》明确指出，推动京津冀协同发展是一个重大国家战略，核心是有序疏解北京非首都功能，要在京津冀交通一体化、生态环境保护、产业升级转移等重点领域率先取得突破。

随着京津冀协同发展战略上升到国家战略的高度，与之相适应的一系列落实措施也相继出台。2015年12月，国家发改委、环境保护部发布了《京津冀协同发展生态环境保护规划》，明确了未来几年京津冀生态环境保护的主要目标任务，提出到2017年区域生态环境质量恶化趋势得到遏制，到2020年主要污染物排放总量大幅削减，区域生态环境质量明显改善等目标；国家发改委和交通运输部发布了《京津冀协同发展交通一体化规划》，提出了扎实推进京津冀地区交通的网络化布局、智能化管理和一体化服务的目标，计划到2020年基本形成多节点、网格状的区域交通网络。

在京津冀会展业的协同发展方面，目前已经有了一定的进展。例如，2014年8月，京津两市在京签署的《贯彻落实京津冀协同发展重大国家战略推进实施重点工作协议》中，提到要加强北京市和天津市的会展合作，双方充分发挥自身会展资源优势，积极组团参加对方的品牌展会，形成各具特色、互为补充、协调发展的格局；双方深入推进会展规划、会展政策研究、会展品牌建设及会展人才培养等方面合作，支持北京知名会展企业到天津发展，共同提升会展业的发展水平。此外，《2015年天津市商务工作要点》指出，要开展京津冀务实合作，积极推动会展服务区域联盟建设；研究制定支持政策，吸引一批北京品牌展会和展览公司落户天津。

毋庸置疑，京津冀地区目前提出的这些会展业发展思路和对策对推动本地区会展业的协同发展具有积极意义，但是从总体看，这些合作从理论层面缺乏更加系统的思考和论证，在实践措施方面，依旧将重点放在地区间的展会合作，如何从更高的层面认识会展业在推动京津冀协同发展中的地位与作用，如何从更根本的层面探讨京津冀会展业协同发展的方式和路径，还需要开展深入细致的研究。

第二节 已有研究文献的回顾与评析

京津冀区域经济一体化的研究不是一个新的话题，早在1982年《北京市建设总体规划方案》中就已经提出了"首都圈"的概念和京津冀区域合作的构想。最近30余年来，很多专家学者从理论和政策等不同层面对京津冀一体化问题进行了比较深入的研究，同时也提出了很多有价值的对策。例如，孙久文等（2008）将区域经济一体化划分为"贸易一体化、要素一体化、政策一体化和完全一体化"四个阶段，并认为京津冀都市圈已经走过了贸易一体化阶段，目前已经处在要素一体化的阶段，并且正在向政策一体化阶段迈进。[①] 刘邦凡等（2013）认为，在京津冀区域经济一体化发展中，北京和天津是两个核心，河北沿海地区的区域经济发展是一个增长极，推动这一增长极建设，不仅具有战略意义，而且是战术取向的必然。[②] 王海涛等（2013）对京津冀区域产业结构进行实证分析，发现产业结构趋同性是限制经济一体化的重要因素，他们认为在京津冀区域产业结构朝着有利于区域经济一体化的方向演进时，若辅以适当调控，必将迅速加快京津冀区域经济一体化的进程。[③] 母爱英等（2010）通过对后经济危机时代京津冀都市圈的内外环境分析认为，区域性政策和规划的出台促进了京津冀都市圈的发展，国际产业转移格局的变动促进了京津冀都市圈产业结构的优化升级，周

[①] 孙久文、邓慧慧、叶振宇：《京津冀区域经济一体化及其合作途径探讨》，《首都经济贸易大学学报》2008年第2期。
[②] 刘邦凡、华继坤、詹国辉：《京津冀区域经济一体化与河北沿海地区发展》，《中国商贸》2013年第34期。
[③] 王海涛、徐刚、恽晓方：《区域经济一体化视阈下京津冀产业结构分析》，《东北大学学报》（社会科学版）2013年第4期。

边省份的崛起为京津冀都市圈创造了良好的经济腹地。①

从已有的文献看,对京津冀地区协同发展的研究多数集中在投资和贸易领域,专门针对会展业战略布局和协同发展的研究相对较少。从关于京津冀会展业方面的已有文献看,大多数是将京津冀作为三个独立的区域加以研究的,但是近年来也有不少文献开始从京津冀协同发展的视角开展研究。

首先,针对京津冀三个区域会展业的独立研究看,目前的已有文献相对丰富,这些研究的最终落脚点主要是如何提高各自区域的会展业竞争力。例如,刘大可等(2008)使用北京展览市场连续三年的跟踪调查数据,运用计量分析方法,从展览会的行业分布、影响展览会发展的核心因素、参展商以及专业买家对展览会的认可度评价四个核心层面,对北京市展览市场的特征和发展态势进行了定量分析,并据此提出了改进北京展览市场发展的对策建议。② 衣莉芹(2011)运用灰色关联分析法对北京会展业与其主要影响因素的相关关系进行了定量分析,总结出北京会展业存在专业人才缺失、品牌企业缺位、展会效益增长不高以及会展需求不足等问题,同时提出以需求为导向加强会展专业人才的培养、打造品牌展会、力争品牌效益等对策。③ 于文波(2015)基于 SWOT 分析方法,在分析天津会展业发展现状的基础上,梳理了天津会展物流发展的内部优势与不足以及外部机遇与威胁,并据此提出了提升天津会展物流发展的思路和路径。④ 林永莲(2012)结合天津市会展业发展趋势,分析文化创新性对提升会展品牌价值的重要性,提出天津市需要发挥地缘优势、信息技术优势、地域文化优势等,利用创新性思维,

---

① 母爱英、王叶军、单海鹏:《后经济危机时代京津冀都市圈发展的路径选择》,《城市发展研究》2010 年第 12 期。
② 刘大可、雒晓晓:《北京展览业市场特征实证分析》,《城市问题》2008 年第 9 期。
③ 衣莉芹:《基于灰色关联分析的北京会展业存在问题及发展对策》,《江苏商论》2011 年第 10 期。
④ 于文波:《天津会展物流的 SWOT 分析》,《物流技术》2015 年第 8 期。

加快会展文化体系建设，努力提升城市会展形象。① 张翠娟等（2014）在走访天津会展企业的基础之上，分析了会展专业人才的结构，提出了高校应培养会展策划与运营管理、会展设计和会展服务三方面人才的观点。② 此外，段迎豪等（2014）运用"菱形理论"，分析了河北会展业的发展现状及存在的问题，提出了需要通过"夯实基础、培育特色、延伸链条、完善服务"四个方面做大做强河北会展业的观点。③ 赵金涛（2010）从旅游资源、交通和会展设施等方面分析了河北省发展会展旅游的条件，在此基础上，提出依托廊坊地处京津之间的区位优势，河北省应以廊坊作为发展会展旅游业的龙头城市，以石家庄、邯郸为南翼，以唐山、秦皇岛为北翼，从而形成南北两翼协调发展的河北省会展旅游空间布局模式。④ 张颖等（2012）以联动发展为原则，建议河北省需要构建以石家庄为"一核"，唐山、廊坊、邯郸、沧州、秦皇岛为"五级"，张家口、承德、保定、衡水、邢台为"多点"的会展业空间发展格局。⑤

其次，就京津冀会展业协同发展来看，已有相关文献直接以京津冀协同发展为目标，提出了不少有价值的观点。例如，王春才（2015）在充分梳理京津冀会展资源及会展业发展现状的基础上，运用大卫·李嘉图的比较优势理论，对京津冀协同发展进行了深入研究，发现京津冀三地在会展业发展的不同侧面具有各自不同的比较优势，但整体上京津冀在会展业发展中存在合作意识不强、协调机制不健全、协同发展规划缺失等问题，并据此提出了进一步强化协同发展意识、健全会展业协同发展的协调机制、制定京津冀会展

---

① 林永莲：《天津会展活动中的文化创新性研究》，《包装工程》2012年第16期。
② 张翠娟、尹丽琴：《高校会展专业人才结构分析及培养途径研究》，《中国成人教育》2014年第19期。
③ 段迎豪、樊丽丽：《基于菱形理论的河北会展业竞争力研究》，《经济研究参考》2014年第44期。
④ 赵金涛：《河北省会展旅游空间布局模式分析》，《旅游经济研究》2010年第5期。
⑤ 张颖、梁明伟、郑宏宇：《河北省会展旅游业发展策略研究》，《科技管理研究》2012年第13期。

业协同发展规划、加大会展资源整合力度等对策措施。① 张盛军（2016）通过对北京市、天津市以及河北省在京津冀城市群中的战略定位以及各城市会展业资源状况的梳理与分析，提出要实现京津冀会展业的协同发展，必须从空间布局、产业协同、资源共享、公共服务协作四个层面的战略构想出发，突破公共服务分割、辅助行业短板等瓶颈限制，探寻可行的合作模式与实施方案。② 除此之外，还有不少文献虽然不是在京津冀协同发展的背景下完成的，但是在分析北京、天津与河北会展业发展路径时，同样提出了需要加强京津冀合作的观点。例如，许峰（2002）认为，河北省会展旅游的空间布局首先要依托京津地区，加强河北省廊坊市与京津地区会展业的全面合作。③ 刘敏（2010）在分析北京会展业的竞争优势时，放在京津冀整体区域，收集了环渤海经济圈中 5 个核心会展城市（北京、天津、廊坊、石家庄和唐山）的会展业数据，通过对比分析，测算了北京市会展业的市场占有率，得出了北京在环渤海经济圈中会展业占有绝对市场优势的结论。④ 贺宇涛（2014）通过分析河北省会展业现状，提出河北应以打造环首都高端会议目的地为战略目标，充分利用环京津、环渤海区位优势，大力发展会议业。⑤ 张颖等（2012）认为，河北省会展旅游要想在竞争中发展、在合作中共赢，必须要走一条错位发展的道路，寻求与京津会展业发展合作中的互补和共赢，打造河北省的会展特色产业。⑥

除此之外，虽然学者们对京津冀地区会展业战略布局和协同发展的研究比较薄弱，但是对国际和国内其他区域会展业战略合作与

---

① 王春才：《基于比较优势理论的京津冀会展业协同发展研究》，《商业经济研究》2015 年第 15 期。
② 张盛军：《京津冀会展业协同发展初探》，《商业经济研究》2016 年第 2 期。
③ 许峰：《会展旅游的概念内涵与市场开发》，《旅游学刊》2002 年第 4 期。
④ 刘敏：《基于比较优势理论的北京会展业竞争优势研究》，《北京工商大学学报》2010 年第 3 期。
⑤ 贺宇涛：《河北省会展经济的现状、问题及对策》，《河北学刊》2014 年第 2 期。
⑥ 张颖、梁明伟、郑宏宇：《河北省会展旅游业发展策略研究》，《科技管理研究》2012 年第 13 期。

协同发展的研究并不鲜见。例如，在国际市场层面，Rod Allan 等（2008）面对亚洲会展业迅速崛起过程中出现的问题，从更大的区域层面，提出了针对来自西欧和北美等地区会展业的挑战，亚洲应有统一的质量标准，通过加快区域合作，防范产业风险。而且，这种合作不应损害举办地本身的特点与优势，一定要在确保地方会展业发展的前提下进行。① 在国内市场层面，不少学者已经对长三角和珠三角地区的会展业合作做了较为深入的研究。例如，从区域协作存在问题的角度，葛月凤（2009）提出了长三角会展业缺乏统一管理机构②，梁赫等（2010）提出了长三角会展场馆缺乏统一规划、没有形成利益共享机制③，何晓民等（2007）提出了长三角会展产业布局缺乏整体性构思④等问题；在对策措施方面，胡彬（2009）提出了为实现长三角会展业的协同发展，需要区域内各城市发挥主动性等建议⑤，盛蕾（2012）从会展行业协会合作⑥、李娜（2008）从会展场馆合作⑦等方面提出了不少有价值的对策建议。此外，在针对珠三角会展业区域协同发展方面，肖轶楠等（2012）提出了应形成以广州为核心、以深圳和珠海为次核心的珠三角会展业区域合作机制⑧，方忠权等（2013）从空间布局层面，认为珠三角地区的会展企业空间格局分别经历了单中心（广州）集聚、双中心（广州

---

① Rod Allan A. De Lara, Chris Ong Siew Har, "Reassessing the Need for the Development of Regional Standards for the MICE Sector for the ASEAN and Asia Pacific Region", *Journal of Convention & Event Tourism*, 2008, 9 (3): 161–181.
② 葛月凤：《长三角地区会展业联动发展研究》，《上海经济研究》2009 年第 11 期。
③ 梁赫、张梦新：《世博会对长三角城市会展格局新变化的影响研究》，《华东经济管理》2010 年第 6 期。
④ 何晓民、黄丽华：《促进长三角地区会展业发展的对策》，《价格月刊》2007 年第 3 期。
⑤ 胡彬：《世博会对长三角区域联动发展的影响效应与促进作用》，《当代财经》2009 年第 5 期。
⑥ 盛蕾：《长三角区域会展行业协会发展状况与对策分析》，《中国商贸》2012 年第 1 期。
⑦ 李娜：《长三角区域会展场馆合作模式研究》，《江苏商论》2008 年第 9 期。
⑧ 肖轶楠、张希华、李玺：《珠三角城市群会展业区域合作机制研究——基于城市吸引力模型》，《经济体制改革》2012 年第 1 期。

和深圳）集聚，到分散（多中心）集聚的发展阶段①。李力等（2009）应用内容分析法，对中国经济新闻库和中国商业报告数据库关于香港和珠三角会展业的新闻报道进行分析研究，构建了港珠会展业竞争力的四象限图，据此将珠三角和香港地区的会展城市划分为不同的类型，并提出应以会展战略布局为基础，以基础设施、市场营销和运作模式三个板块为关键环节，以人才、政府和协会作为保障，提升珠三角和香港地区会展业的竞争力的对策建议。②

总之，虽然关于京津冀会展业协同发展方面的直接文献不多，但是各种相关领域的文献同样为本书的研究提供了许多有益的借鉴。例如，对京津冀区域经济一体化总体层面的相关研究，虽然没有直接涉及会展业的问题，但是可以给本书带来许多基础理论层面的深层思考；虽然与长三角和珠三角相比，京津冀地区在城市定位、产业构成、区域合作紧密程度等方面都存在较大的差异，但是从会展业的产业功能和特征看，仍然存在很多共性的规律，对深化京津冀地区会展业战略布局和协同发展的研究能够从方法论、经济规律、对策建议等方面提供非常有价值的参考。

第三节　研究设计与主要内容

研究思路是关于课题研究的总体构想，思路正确是确保研究顺利进行的关键；研究方法主要是指课题研究的技术路径以及课题的数据收集和分析方法；主要内容是指文章的章节划分和构架设计。

一　研究思路

本书的研究思路主要包括如下三个递进步骤：一是针对会展业

---

① 方忠权、王章郡、刘莉：《珠江三角洲会展企业空间格局变动》，《中国人口·资源与环境》2013年第7期。
② 李力、余构雄：《珠江三角洲和香港展览业区域竞争力比较》，《国际经贸探索》2009年第12期。

的行业特点，从理论层面探讨京津冀地区会展业发协同发展的必要性、可能性与可行性；二是通过现状分析，厘清京津冀会展业协同发展中存在的问题以及成因；三是通过对长三角以及珠三角地区会展业协同发展的案例研究，为京津冀地区会展业的协同发展寻求可供借鉴的经验。最后针对上述研究发现，本书有针对性地提出京津冀会展业协同发展的对策措施。具体的技术路线参见图1-1。

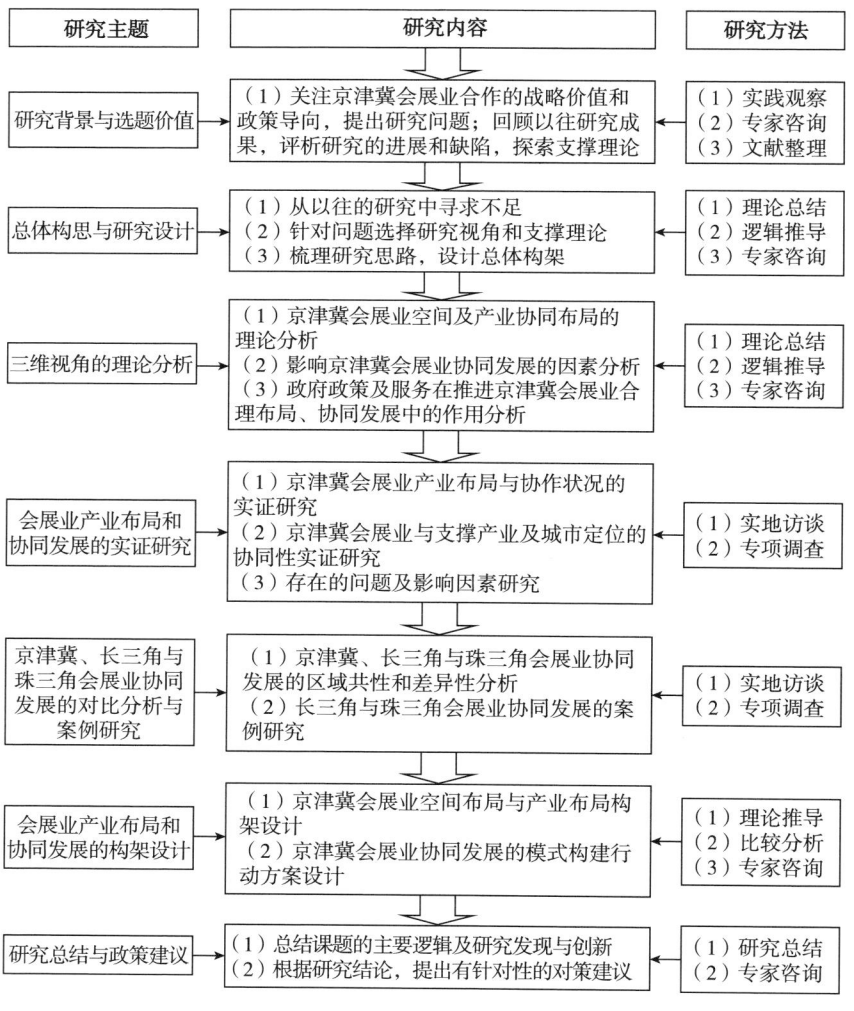

图1-1 本书研究的技术路线

二 研究方法

本书采取规范研究（确立问题—提出假设—理论分析—得出结论）、实证分析（通过观察、调查、数据分析等实证手段检验）、政策分析有机结合的方式开展研究；采用文献分析、理论分析等方法为合理布局京津冀会展业提供理论支撑；通过科学的调查方法（包括网络调研、访谈、案例剖析等），获取客观真实的实证数据，严格按照规范研究的要求，对数据进行统计处理。主要的研究方法如下。

（一）文献收集方法

本书的文献主要采取三种途径获取：一是网络搜索，主要是通过中国期刊网等中外学术期刊网站查询杂志文献，通过京津冀各政府职能机构官方网站查阅相关统计数据、行业规划、政策法规等，通过百度等搜索引擎查询新闻报道、基础知识等获取信息资料；二是文献查询，主要是已经出版的研究书籍、报纸杂志、政府公布的官方文件以及专题研究报告等；三是实地考察与访谈，主要从北京市、天津市和河北省三地分别选择政府、行业协会、企业以及高校等相应会展机构的专家进行访谈，从中发现京津冀会展业优化布局与协同发展的机会及逻辑关系。

（二）分析方法

本书主要采取了文献分析、理论分析、实证分析、对比分析四种常用的分析方法。

1. 文献分析。本书以国内外各种文献作为分析对象，综述了国内外关于区域经济协同发展，特别是京津冀地区会展业协同发展方面的相关文献，找出了已有研究的不足以及对本书研究的启示。

2. 理论分析。理论分析主要是指借助一定的理论工具对研究的议题进行理论方面的阐述和分析，并以此作为应用研究的基础。本书利用绝对优势理论、比较优势理论、规模经济与范围经济理论、交易成本理论、新经济地理学等基础理论，简要分析了京津冀地区会展业协同发展的必要性及可行性。

3. 实证分析。实证分析主要是通过已经发生的事实来客观描述某件事情或者验证某种观点的分析方法。本书主要通过实证数据分析了京津冀地区会展业存在的问题及成因，并对京津冀地区会展业的发展现状进行了客观研判。

4. 对比分析。本书以珠三角、长三角会展业区域合作的实践经验为例，运用比较分析方法，对不同经济区域城市功能以及社会、经济、文化等进行了比较研究，并以此为基础，对制定京津冀会展业空间布局及协同发展的政策体系提供了借鉴。

三 主要内容和构架设计

本书首先从京津冀协同发展等视角介绍了本课题的研究背景和研究设计，接着在对国内外关于区域经济协同发展，特别是京津冀地区会展业协同发展相关文献进行回顾和评析的基础上，运用比较优势理论、交易成本理论等传统经济学理论对京津冀地区会展业协同发展的必要性与可行性进行了简要的理论分析，然后借鉴长三角和珠三角地区在会展业协同发展的先进经验，并结合京津冀地区会展业协同发展的现状及存在的问题，有针对性地提出了推动京津冀地区会展业协同发展的对策建议，并提出了框架性的协同发展机制设计。具体说来，本书共分八章，各章节的主要内容如下。

第一章是研究背景与研究设计。主要从国家的宏观战略和京津冀会展业发展现状两个层面，简要阐述了本书的主要背景和研究必要性，并在对已有文献进行系统回顾的基础上，从理论基础、研究方法、研究内容等方面，简要介绍了本书的总体设计。

第二章是会展业协同发展的基础理论研究。主要从区域经济学、产业经济学、公共管理学等视角，结合会展业的产业特点、影响因素等，探讨了会展业协同发展在理论上的可行性以及影响协同发展效果的因素，以此构建了基于协同发展的京津冀会展业战略布局的理论框架，突破单纯从北京的资源与市场出发规划会展业的传统缺陷，提出应从更大的行政区域和经济区域，优化空间布局、产业协同、资源共享、公共服务协作四个层面的战略构想，从而全面提升京津冀地区会展业的战略规划高度。

第三章是京津冀地区会展业的发展现状研究。主要从存量、增量、结构、增长率等视角，系统分析了京津冀地区展览会、展览场馆、产业促进政策以及产业发展环境等方面的发展现状，并深入分析了当前存在的主要问题以及形成原因。

第四章是以长三角和珠三角地区为案例的实证研究。长三角和珠三角地区会展业的区域协作已经卓有成效，一方面可以用这两个地区作为实证案例，检验本书理论构架的科学性，另一方面可以从长三角和珠三角地区会展业协同发展的实践探索中汲取有益的经验，为本书战略布局和协同发展构架的设计提供借鉴。

第五章是京津冀会展业空间布局协同性研究。主要从京津冀城市功能定位、人口资源与环境的承载力、会展设施的利用效率等层面，寻求空间协同布局的优化方案。

第六章是京津冀会展活动与产业及消费的协同发展研究。主要从消费构成、产业结构等产业资源角度出发，探讨了会展业与相关产业之间的功能匹配与协同发展问题。

第七章是京津冀会展业战略布局与协同发展构架设计。一方面，从城市布局、城市内部空间布局、产业局部等，为京津冀地区勾勒未来发展的战略布局；另一方面，从会展业自身的发展规律以及产业关联等角度，为京津冀地区资源共享、协同发展进行构架设计。

第八章是研究总结与对策建议。主要是总结课题的主要逻辑、研究发现与创新，根据研究结论，提出有针对性的对策建议。

第二章　京津冀会展业协同发展的理论依据

京津冀的协同发展将有助于京津冀城市圈建立统一大市场，形成一个利益共同体，从而在更大的范围中实现各种生产要素的空间流动。产品和要素的优化配置，将降低区域整体经济发展成本和社会运行成本[①]，各城市依据自身产业基础、区位交通条件、城市功能定位承担科技研发、教育文化、先进制造业、商贸流通、国际贸易等核心功能，从而建立一种垂直型分工与水平型分工相结合的区域经济联合体系，促进城市圈成员的共同繁荣。

产业是经济活动的载体，京津冀协同发展的核心任务之一在于产业的协同发展，即充分发挥区域内部各地区的比较优势，因地制宜、分工合理，实现地区职能的优势互补。会展业作为一种对城市功能、产业发展和基础设施建设影响广泛的高端服务业，无论从理论层面还是从实践层面都具备协同发展的经济基础、资源基础与社会基础，应当成为京津冀一体化协同发展的优先领域。

第一节　协同发展的理论基础和经济效应

一　协同发展的理论基础[②]

（一）绝对优势理论与比较优势理论

亚当·斯密在1776年提出的绝对优势理论认为，两个国家之间

[①] 梁晓林、谢俊英：《京津冀区域经济一体化的演变、现状及发展对策》，《河北经贸大学学报》2009年第11期。

[②] 部分内容参考了刘建朝的《京津冀城市群产业优化和城市优化协调发展研究》，博士学位论文，河北工业大学，2013年。

生产某种产品的劳动成本的绝对差异使一个国家所耗费的劳动成本绝对地低于另一个国家。每个国家专门地从事其最有优势的产品的生产，然后彼此交换，这对各个国家都是有利的。依据绝对优势理论，各城市（地区）同样应按各自的绝对优势进行专业生产分工。

在绝对优势理论基础之上，大卫·李嘉图于1817年在其《政治经济学及赋税原理》中提出的比较优势理论认为，国际贸易的基础是生产技术的相对差别而非绝对差别，以及由此产生的相对成本的差异，也就是说只要各国之间存在着生产技术上的相对差别，就会出现生产成本和产品价格的相对差别，从而使各国在不同的产品上具有比较优势，使国际分工和国际贸易成为可能，进而获得比较利益。据此，每个国家都应该根据"两利相权取其重，两弊相权取其轻"的原则，集中生产并出口那些优势较大或劣势较小的，具有"比较优势"的产品。

显然，两个国家或地区都按自己绝对有利的条件进行生产和交换，对双方必然是有利的。但是，一般情况下，并不是两个国家或地区刚好都有绝对优势，现实情况通常是一个国家或地区在两种产品上较另一个国家或地区均处于绝对劣势，但只要这两个国家或地区在这两种产品的生产上的优劣程度有差异，且各自按照其比较优势原则进行生产和交换，那么，它们仍然可以增加自己的福利。因此，只要按照各地区由区位条件、自然资源禀赋、生产要素等因素形成的比较优势，实现错位分工就能够实现优势互补和效率的提升。

对于都市圈来说，各城市应寻找自身优势并依据自身比较优势参与到区域分工中。若某城市的经济区位、经济条件或生产某些产品具有区际意义，占有圈内外的绝对优势，那么圈内其他各城市应积极配合，使这种优势充分发挥潜能，产生最大效益，进而辐射带动圈内经济发展；若圈内的各城市基于资源禀赋差异形成各自的比较优势，则应进行针对性的职能优化，同时对各产业部门适当地进行地域分工与空间集聚，以利于整体经济最优化。

(二) 规模经济与范围经济

经济学家穆勒认为，在很多情况下大规模生产可以大大提高生产效率。经济学家马歇尔认为，规模报酬递增的原因是企业扩大其不动产而获得了种种新的大规模生产经济，从而在相对低廉的成本上增加了产量。规模经济解释了在一个给定的技术水平上，随着规模的扩大，产出的增加，平均成本逐步下降的现象；范围经济则解释了多项活动共享同一种核心专长导致各项活动费用的降低和经济效益提高的现象。范围经济条件下，一个地区集中了某项产业所需的人力、相关服务业、原材料和半成品供给、销售等环节，这一地区在继续发展这一产业中就拥有比其他地区更大的优势。范围经济通常使企业从生产或提供某种系列产品的单位成本中获得节省，这种节约恰恰来自分销、研究与开发和服务中心等部门。

范围经济往往是企业采取多样化经营战略的理论依据。同样地，外部规模经济与外部范围经济也是区域产业协同发展的理论依据——在同一个地方，同行业企业的增加使多个同行企业可以共享当地的辅助性生产设施与服务；在同一个地方，单个企业生产活动专业化，多个企业分工协作，组成地方生产系统，企业之间的分工与协作、交流与沟通也能引起成本的节约。除生产成本的节约之外，范围经济往往还可以实现差异化优势、市场营销优势与技术创新优势。

1. 差异化优势。差异化是指企业提供产品的多样性，包括产品的质量、功能、外观、品种、规格及服务等，这种多样性能使消费者认同该产品并区别于其他企业提供的类似产品。范围经济形成的差异化体现于区域内多家企业所提供的整体产品组合的差异化，区域产品组合能够更好地满足顾客"多样化、个性化、差别化"的需求。

2. 市场营销优势。在买方市场条件下，获得市场营销优势是企业成功的关键。市场营销的关键在于正确定位目标市场的需要和欲望，比竞争者更有效地提供目标市场所需要的产品和服务。范围经济形成的成本优势和差异化优势，体现于企业在产品、品质和价格方面的竞争能力。同时，在区域内部建立的营销平台上，利用原有的渠道，可以销售多种产品，从而更好地利用各企业已经形成的品牌优势，为新产品开拓市场；区域内企业的产品使消费者更容易接受，同时也对跟进者形成巨大的进入障碍。

3. 技术创新优势。对范围经济的理解和受益，使企业管理层对新产品、新工艺的开发更加重视，与此同时，范围经济利益的驱动导致科技创新的良性循环，持续的创新活动将使企业在应用新材料、采用新工艺、培养创新团队、加强市场调研等方面获得突破，最终将形成强大的核心竞争优势。

（三）交易成本理论

科斯提出的交易成本理论认为，现实市场中有限理性、机会主义与不确定性的存在，使人们在实现交易的过程中往往要经过一个收集信息、寻找交易对象、谈判、签订合同、监督合同实施的过程，大多数交易还涉及运输、税收、管理等诸多环节，而这一切都需要支付费用，形成搜索成本、谈判成本、签约成本与监督成本。为节约交易费用，企业作为代替市场的新型交易形式应运而生，即企业作为一种交易形式，把若干个生产要素的所有者和产品的所有者组成一个单位参加市场交易，从而减少了交易者的数目和交易中的摩擦，降低了市场交易中的交易成本。企业的边界由企业之间的交易成本以及市场价格共同确定，当市场平均的交易成本与企业将该交易内部化的成本相等时，企业的边界与规模就基本稳定。

交易成本不仅是企业实现合理边界的原因，也是产业链上下游分工乃至城市间的市场分工的重要依据。交易成本为零是一种特例，而非常态，现实情况中，任何市场活动都存在交易成本，也就是产业链上下游企业间、产业与产业间的经济活动都面临交易成本。处于同一产业链的上下游企业间，如果企业内部的交易成本大于市场当中的交易费用，那么纵向内部一体化将被横向的市场交易所取代。最终，垂直一体化和水平一体化有助于生产成本和交易成本缩减，实现最优利润。

交易成本也是城市群中的城市之间分工的重要决定要素,分工协作带来正的外部性,降低了每个城市履行职能的公共成本。这种外溢行为不仅体现在经济效益上,在生态环境保护、公共服务设施等方面也得到集中体现,产业分工协作使得城市群的综合竞争力得到有效提升。

(四) 新经济地理学

新经济地理学视角下,经济上相互联系的产业在空间上的相互接近性能够带来成本的节约,所以空间聚集成为产业寻求收益递增的外在表现形式。新经济地理学同样被用来解释城市增长的动力机制,克鲁格曼认为,人们向城市集中是由于城市可以提供较高的工资和多样化的商品,而工厂在城市集中是因为这里能够为它们的产品提供更大的市场,空间聚集导致城市形成和不断扩大以及区域经济的发展。

新经济地理学基于严格假定的数理模型表明,当广义的运输成本下降到足够低时,经济系统的内生力量将引起区域分化,集聚力与分散力的平衡被打破,集聚力将居于主导地位,产业活动的集聚不可避免。按照新经济地理学的逻辑,资本外部性的相对规模,即市场作用的范围、劳动力的可移动性和交通成本将决定经济活动和财富在空间配置上的区域整合程度。一方面,当资本外部性及劳动力的迁移通过区域整合增加时,将产生更大规模的空间集聚;另一方面,如果区域之间仍然存在不可流动性,那么中心地区的劳动力和由于拥挤而带来的成本就会增加。据此,集聚是京津冀都市圈未来发展的基本方向,京津冀协同发展符合经济发展的内在趋势。

二 协同发展的经济效应

协同发展有助于实现资源要素的自由流动,进而形成产业集聚、布局合理、生产高效、结构优化的产业体系。

(一) 协同发展实现集聚经济效应

聚集经济指的是经济活动在空间上所呈现出的局部集中往往伴随着在分散状态下所没有的经济效率,产生了企业聚集而形成的整体系统功能大于在分散状态下各企业所能实现的功能之和的效应。城市群的协同发展是发挥聚集效应的有效方式。

在市场经济的作用下，各种资源及要素以利润最大化、成本最小化为目标，向着符合自身特定职能的城市空间集聚，并形成聚集规模。当聚集经济表现为正的外在经济时，众多企业彼此都享受着外在经济的好处——共用基础设施，降低生产成本，提高生产效率。大量企业和员工的集聚又会产生巨大的市场需求，从而吸引上下游企业集聚，促进产业链的发展。产业和人口在集聚效应下向着空间的某一点集中，直接导致城市的形成，城市的产业优化和城市进化的空间集聚导致城市的进一步延伸和扩展，进而形成城市群。

城市群的产业集聚包含数个乃至数十个产业，在合理的分工下，城市群内产业之间、城市之间为实现聚集经济而进行积极对接与不断融合，体现出单个城市经济外在化和整个群域经济内在化的交互作用，使资源和要素在更大的范围内、更深的层次上聚集与整合，促进群域内甚至群域外资源在动态配置中实现帕累托改进。

城市群内的产业聚集使微观层面上，企业间相互关联，成本节约，收益增加，收获因在更大空间范围内获得快捷的交通网络、便利的公共设施、完善的劳动力供给、发达的产业配套等所带来的隐形收益。宏观层面上，城市因为集聚而带来规模报酬递增，产业集群规模越大，企业集聚数量越多，城市群规模也随之变大。产业集群集聚度越高、专业化程度越高，分工越细，城市群也就越专业，创新能力越强，区域品牌效应越凸显，最终实现城市群的整体功能远远超出相同规模的多个孤立城市的功能之和，呈现"1+1>2"的特点。由于实力增强，城市可以投入更多的资源，不断优化产业发展环境，促进产业集聚与优化发展。城市群中的企业除了分享来自本行业的规模经济，还能够分享到所在城市群的公共产品、准公共产品和基础设施带来的好处。企业在对规模经济的追逐过程中，促进了城市规模的扩大，进而促进了城市群的发展；城市的发展壮大和功能完善，又为企业的发展创造了更加优越的发展环境，并吸引更多的企业到此布局,产生新的规模效益,形成良性循环过程。

(二) 协同发展使产业链向城市群延伸

在产业发展壮大与城市规模扩张相伴而生的过程中,产业链条逐渐拉长,企业的长期平均成本逐渐降低。但这一效应随着城市空间日益拥挤、资源和要素供应紧张而受到消极影响。此时,将产业链条延伸到城市群中的其他城市,使城市的发展空间得到相应的拓展,基础设施和公共服务设施水平得到较大提升,谋求范围经济效应,使产业集聚和城市群形成协同发展成为发展的内在要求。

在规模经济和范围经济效应的驱使下,在工业化进程中,资源要素、区域经济与产业结构演进呈现出一定的规律,即随着工业化进程的推进,资源要素的流动愈加顺畅,其流动过程经历向区域内的核心增长极流动—由增长极向外围扩散—要素在整个区域内全方位流动的过程;与此同时,区域经济由各自为政、缺乏联系,到中心区极化发展,再到增长极向外围次中心扩散,最终形成由多个不同功能的核心区域构成的城市体系,产业高度差逐渐缩小,城市群内出现各具特色的职能中心(见表2-1)。理论上看,产业和城市相互交融、共同发展,在更大的范围内集聚与配置资源和要素,迫切要求在城市群空间内形成由聚集经济和范围经济相结合的一种产业空间与城市空间高度协同的经济发展模式。

表2-1　　　　工业化进程中资源要素、区域经济与产业结构演进的一般规律

	前工业化阶段	工业化初期阶段	工业化成熟阶段	后工业化阶段
资源要素	较少流动	极化效应为主,外围要素向增长极流动	增长极要素高度集中,扩散效应开始明显	要素在整个区域内全方位流动
区域经济	不同等级中心之间缺乏联系	中心区极化,少数主导地带膨胀,增长极形成并扩大	增长极扩散,外围出现次级中心	空间经济一体化,多核心区形成,少数大城市失去原有主导地位,城市体系形成

续表

	前工业化阶段	工业化初期阶段	工业化成熟阶段	后工业化阶段
产业结构演进	农业不断发展壮大，工业生产条件不断成熟	新兴产业逐步成长为区域主导产业，并围绕主导产业形成配套产业和基础产业	产业由高级中心地向次级转移，逐步形成随着中心地等级降低而次第衰减的趋势	产业高度差逐渐缩小，城市群内出现各具特色的职能中心

城市体系既具有聚集性，又具有开放性，其聚集性体现于区域内的人流、物流、资金流、技术流、信息流等的高度聚集，从而能够发挥规模经济和范围经济的作用，降低微观主体的生产成本和交易成本，实现产业的高效运作；其开放性体现于都市圈内各级城市之间的横向和纵向联系打破都市圈内市场分割、各自为政的格局，形成密切沟通的双向开放空间，从而按照区位优势、比较优势和要素禀赋的差异，有目的、有针对性地进行产业分工与合作，实现圈内经济要素的优化配置，延伸圈内的产业链条，利用圈内的知识溢出效应，减少圈内的运输成本。

综上所述，从经济学角度来看，城市体系的存在有其合理性。因为城市体系的协同发展有利于把分散的资源要素整合为一个整体，利用产业分工与合作的原理，根据比较优势和区位优势，按照要素禀赋的差异，合理配置产业链条的终端，以发挥整体优势，实现整体功能效果的扩大。

第二节 产业协同是京津冀协同发展的必然选择

一 京津冀区域分割导致合力效应难以发挥

区域主义理论认为，大都市的基本问题是地方政府分散化和碎片化，机构臃肿，效率低下，公共服务不平等，缺失对区域总体发展的关注。英国学者彼得·霍尔认为，如果缺乏妥善干预，大都市将"摊大饼"式地无限扩张，很快就会面临空间拥挤、环境污染、生产低效、土地价格昂贵、社会分化严重等问题。长期以来，京津冀地区并没有形成统一的区域规划和协作机制，加之区域功能布局不够合理，城镇体系结构失衡，导致京津两极过于"肥胖"、周边中小城市过于"瘦弱"，区域发展差距悬殊，特别是北京，由于集聚过多的非首都功能，"大城市病"问题突出，人口过度膨胀，交通拥堵，空气污染严重，房价持续高涨。而河北的经济发展水平远远落后于京津，河北的众多中小城市不具备强有力的产业支撑和财政支持，公共服务设施很不完善，很难分享京津的发展成果。

（一）北京的"大城市病"问题

京津冀区域分割的格局下，北京"大城市病"问题日益严重，主要体现在以下四个方面。

第一，人口膨胀。首都独特的资源优势形成了强大的引力源，丰富的教育、医疗资源和就业机会吸引大量人口向北京市迁移。除此之外，京津冀地区的非协调发展导致的周边地区与北京市不断加大的差距又进一步构成周边区域人口向北京集聚的动力。据统计，1990—2013 年，北京市常住人口由 1086 万人增加到 2115 万人，年均增长 2.9%，同期外来人口由 53.8 万人增加到 802.7 万人，年均增长 12.5%，北京城区以 8.3% 的面积，承载了 62% 的常住人口和 70% 的经济产出。2014 年，北京市核心区密度高达每平方千米 2 万多人，是生态涵养区的 109 倍，其中西城区人口密度达到 25767 人/平方千米，在人口快速集聚的过程中，城市配套设施和管理服务水平无法同步快速增长，密集的空间结构不仅推高了生活成本，也限制了优质资源的空间流动，无形中降低了居民的生活质量。[①]

[①] 陈哲、刘学敏：《"城市病"研究进展和述评》，《首都经济贸易大学学报》2012 年第 1 期。

第二，资源短缺。自21世纪初以来，北京进入连续枯水期，地表水资源量衰减一半以上，地下水资源量衰减近四成，入境水量也大幅衰减，而同期北京城市人口却快速增加，两者共同作用导致北京市人均水资源量锐减，不到全国平均水平的1/20，成为全国人均水资源最匮乏的地区。随着北京市人口数量的日趋增长，经济活动的日益活跃，城市规模逐渐增长，用水量逐年提升，北京市的地表水和地下水均被过度开采，许多河流已断流，地下水也接近干涸。水资源仅仅是北京短缺资源的其中一项，地铁拥挤、房价上涨、垃圾围城，从根本上说也是资源短缺的体现，而资源短缺归根结底也是人口过于集中、产业过于集中的后果。北京资源不足的状况越发凸显，日益成为严重制约经济发展的瓶颈。

第三，空气污染。京津冀地区是雾霾问题最突出的地区之一，区域的工业化、城镇化与华北地区大气环境变化相关联，形成了燃煤—机动车—工业废气排放多种污染物的共生局面。2013年4月至2014年4月，全国945个监测站发布的PM2.5监测数据显示，京津冀地区大气污染超标频度全国最高，该区域也是我国水环境污染、特大城市环境污染最为严重的地区之一。就北京而言，2013年以来，空气污染已成为最重要的环境问题之一。2013年北京空气二级以上天气176天，占全年的48.2%，三级轻度污染84天、四级中度污染47天、五级重度污染45天、六级严重污染13天，总体来看，重污染累计58天，占15.9%。2014年，北京市空气二级以上天气数量占全年的47.1%，空气质量仍没有得到根本性好转。《2014北京市环境状况公报》显示，PM2.5、二氧化氮、可吸入颗粒物、二氧化硫四项监测污染物中，PM2.5平均浓度超过国家标准1.45倍，二氧化氮平均浓度超过国家标准42%，可吸入颗粒物（PM10）平均浓度值超过国家标准65%，仅二氧化硫浓度均值达到了国家标准。

第四，交通拥堵。人口膨胀给北京带来巨大的交通压力。2014年年末北京市机动车保有量达到559.1万辆，居全国首位。2015年第二季度，北京市再次蝉联全国重点城市拥堵排名榜首，严重拥堵天数比2014年第二季度增加29天，平均拥堵延时指数上升约10%。北京西二环路成为第二季度全国拥堵最严重的一条道路，严重拥堵时长达702小时，每天都有将近8小时处于严重拥堵中。北京居民高峰时间每出行1个小时，就有32分钟耗费在严重堵车上，按北京月平均工资6463元计算，每次因拥堵造成的时间成本就是19元，一天两次出行付出的成本就接近40元。交通拥堵推高生活成本，给人们的生活带来了极大不便。①

（二）河北的"灯下黑"问题

一般情况下，以城市为单位配置产业，会造成各个城市产业结构雷同、职能相似，形成"大而全""小而全"的局面。但是，京津冀的情况比较特殊，北京承载了过多的行政职能，像抽水机一样不断汲取周边的养分，优质产业在布局上优先考虑北京，医疗、教育、科技、文化等领域的制高点都盘踞在北京，使北京堆积了过多的优质资源，全国各地的人才都往北京挤，距离北京最近的河北则错失了发展机会，面临"大树底下不长草"的窘境。

河北省环京津地区形成了一圈贫困带，经济发展的质量效益不高、产业结构相对低端，主要产业是钢铁、建材、化工等重工业，资源利用粗放，这些产业越发展，消耗资源越多，造成的污染越大：京津冀区域每年燃煤中河北消耗占80%，北京占7%，天津占13%，以至于河北的重工业成为导致北京雾霾的一个重要原因。②

综上所述，各自为政的决策方式导致北京、天津与周边城市无论是在经济发展上还是在社会发展上都没能实现双向共赢，不利于城市之间的功能互补和城市经济发展空间的优化配置。合力效应的缺失直接带来区域范围内人力、财力、物力等要素资源的大量内耗，从而导致大都市圈内城市经济体系整体功能"1+1<2"的效

---

① 高德软件有限公司：《2015年第二季度中国主要城市交通分析报告》，中文互联网数据资讯网（http://www.199it.com/archives/379123.html）。

② 赵弘：《北京大城市病治理与京津冀协同发展》，《经济与管理》2014年第3期。

果，规模经济和范围经济效应难以形成。解决北京的"大城市病"与河北的产业转型问题，迫切要求京津冀地区通盘考虑，协同发展。

二　京津冀产业协同存在资源基础

有关学者研究发现，城市社会经济结构以及人文类型的多样性塑造出许多异质性特征，大都市圈中的城市彼此都存在差异和不协调，而这些差异和不协调的存在恰恰是整合的内在基础。[1] 北京、天津和河北本身具有极大的差异性，在京津冀协同发展战略中，再次明确了各自定位——北京市为"全国政治中心、文化中心、国际交往中心、科技创新中心"；天津市为"全国先进制造研发基地、北方国际航运核心区、金融创新运营示范区、改革开放先行区"；河北省为"全国现代商贸物流重要基地、产业转型升级试验区、新型城镇化与城乡统筹示范区、京津冀生态环境支撑区"。区域整体定位体现了三省市"一盘棋"的思想，突出了功能互补、错位发展、相辅相成的发展思路。城市属性和定位的差异以及京津冀城市圈内的各城市在资源禀赋、劳动力丰缺程度、产业基础、经济水平、社会文化方面的差异性和互补性，为城市群产业优化与城市协调提供了前提与基础。

三　京津冀产业协同带来正外部性

"大都市圈发展"是组团式的发展模式，即弱化行政区经济，强化经济区经济，利用聚集经济和规模经济的原理，充分发挥圈内大、中、小城市的资源优势，实现资源共享、优势互补的目标。大都市圈的整体发展可以克服单个城市在发展过程中的不足，实现产业结构的合理布局。同时，大都市圈的协调发展还可以使内部各等级城市承担不同的经济功能，从而实现各产业在不同功能城市间的

---

[1] 夏安桃、许学强、薛德升：《中国城乡协调发展研究综述》，《人文地理》2003年第18期。

合理分工。① 就京津冀城市圈而言，产业协同发展可以有效解决北京的"大城市病"问题与河北的发展滞后问题。

（一）解决北京的"大城市病"问题

理论上，如果一个地区的城市体系发育比较成熟，各个不同阶层等级以及空间网络分布结构比较合理，各城市相互依存，彼此间的福利差异比较小，"大城市病"的发病概率就会降低。反之，如果城市体系不成熟，核心城市"一城独大"，优势过于明显，而其他城市条件相对落后，就难免加剧核心城市的"大城市病"。京津冀协同发展过程中城市之间基础设施的统筹规划与合理布局、城市圈内以实现整体功能的放大和资源要素的优化组合配置为目标的产业分工将有效助推河北和天津的经济发展，减小区域内部的发展差异，从而有效减轻北京市的负担，缓解"大城市病"的问题。随着央企总部及其下属单位、医院、高校以及部分科研单位的外移，京津冀城市圈中各城市将逐渐实现发展的均衡化，将有助于人口双向流动而不再是一味向北京迁移，实现人口空间布局的均衡化，解决北京市人口过多、资源短缺、交通拥堵的问题。京津冀城市圈各城市在资源开采、环境治理和生态保护等方面的互相协调，将有助于逐步淘汰落后产能，控制区内工业排放，实现区域经济增长、社会进步与生态资源环境之间的协调与可持续发展，逐步解决环境污染问题。

（二）解决河北的发展滞后问题

京津冀协同发展有助于加强各次级地区之间的战略协调，扩大地区间合作，实现区域间良性互动，提高区域整体竞争优势，实现基本公共服务均等化，逐步缩小地区居民享受的生活福利水平差距，为破解地区经济发展差距、公共资源配置不均衡、资源环境制约等难题提供"钥匙"。完善的城市群形态，将有效优化生产力布

---

① 刘翠兰：《我国城市化发展的新趋势——组建大型城市群》，《城乡建设》2002年第10期。

局和空间结构，打造具有较强竞争力的世界级城市群，引领经济发展新常态，全面对接"一带一路"等重大国家战略，增强对环渤海地区和北方腹地的辐射带动能力，在此过程中，河北省各城市将面临转型升级的重大机遇，为产业升级与功能转变奠定基础。

第三节　京津冀会展业协同发展的必要性

会展业是工业化和城市化发展到一定阶段的产物，会展业涉及商流、物流、资金流的运转，其发展和城市的发展有着密切的联动关系。一方面，会展经济的发展依托城市的发展，城市是会展业得以发展的基本平台，城市的地理位置、基础设施、交通运输能力、旅游资源、产业结构以及社会文化环境等条件都对会展业的发展产生深远影响；另一方面，会展业作为贸易洽谈、商品推广、社会文化展示的窗口，其发展也能够为城市社会经济的发展带来影响。京津冀作为地域相连、城市定位差异化明显、产业结构互补性明显的三个地区，其会展业的协同发展不仅有利于发挥各自的区域优势、经济特色，形成差异化发展定位，而且有利于降低区域间的竞争，形成会展业在京津冀大区域内的良性循环。

一　会展业协同发展是非首都核心功能疏解的需要

有序疏解北京非首都核心功能，优化提升首都核心功能是京津冀协同发展战略的核心。北京疏解非首都核心功能的对象，包括一般性产业特别是高消耗产业，区域性物流基地、区域性专业市场等部分第三产业，部分教育、医疗、培训机构等社会公共服务功能，部分行政性、事业性服务机构和企业总部等四类非首都功能。通过对非核心功能的疏解，优化三次产业结构，优化产业特别是工业项目选择，突出高端化、服务化、集聚化、融合化、低碳化。会展业作为一种对城市环境影响较大、资源占用较多的现代服务业，其发展对北京市的交通、住宿、餐饮等行业带来较大压力，符合导致人口和产业向中心城区双聚集的产业特征，应主动采取疏解措施，在京津冀城市群内实现协同发展。

二 会展业协同发展是会展业做大做强的需要

京津冀作为中国最重要的经济区域，长期以来在中国会展业中占据举足轻重的地位。特别是作为全国政治、经济、文化的中心，北京始终是引领我国会展业发展方向的重要城市之一，但是由于场馆建设滞后等多方面的原因，近年来京津冀地区在全国会展业的优势地位和影响力正面临着严峻的挑战。过去曾经在中国会展业中并驾齐驱的京津冀、长三角、珠三角三大经济圈，经过多年的发展与变迁，而今再也无法"称兄道弟"，在会展行业影响力方面的差距已经明显拉开。根据中国会展经济研究会的统计，2015年全国共有30个总展览面积超过20万平方米的展览会，其中长三角12个，珠三角11个，而京津冀只有2个；共有124个总展览面积超过10万平方米的展览会，其中长三角40个，珠三角33个，而京津冀只有12个；2015年各行业排名前三位的363个展览会中，长三角有118个，占32.5%，珠三角有84个，占23.1%，京津冀只有40个，仅占11%。从这些数据可以看出，目前长三角地区以绝对优势稳坐中国会展业的头把交椅，珠三角地区紧随其后，依旧处于强势地位，与此相反，津冀地区已经风光不再，在三大经济圈会展业中的相对地位已经远远落后。特别值得关注的是，伴随着近年来北京国际服装服饰博览会（CHIC）、中国国际汽车商品交易会（CIAPE）等重量级展览会相继从北京移师上海，本已落伍的京津冀会展业更为雪上加霜。

会展业是产业发展的风向标，也是城市发展的助推器。京津冀地区会展业的逐步衰落和近年来出现的"北展南移"现象，不仅流失了展览会举办期间所能够带来的巨大商业机会，而且对京津冀地区的区域形象和长期的产业发展都可能产生不利影响。在京津冀一体化的大背景下，面对上海的强势吸引，北京的会展业必须与天津、河北形成联动效应，促进产业升级转型，方能做大做强。

三 会展业协同发展是行业降耗增效的需要

长期以来，由于各城市间会展业资源的较大差异，会展业规模和发展速度也差距明显，京津冀会展业始终是北京市独扛大旗，但北京会展业正面临着低效能、高消耗的发展瓶颈。

第一，北京市会展场馆资源稀缺。北京市现有的主要展馆中，中国国际展览中心建于1985年，北京展览馆建于1954年，全国农业展览馆建于1959年。由于建设时间较早，这三大场馆都位于北京市核心地段——北京展览馆位于西二环外，中国国际展览中心和全国农业展览馆位于东北三环。优越的地理位置导致三大展馆都很难实现原地升级和扩建，发展到现在，不可避免地面临空间有限、设施老化的问题。从展览面积来看，北京市主要展馆中，仅中国国际展览中心新馆能达到10万平方米以上的规模。受城市空间和土地资源限制，北京市中心城区已经不可能再建大型场馆，北京市区内缺乏大型现代化展览场馆的现状很难改善，而大型场馆的缺乏必然影响北京市承办大型展会的能力。

第二，北京市交通难以承载"大进大出"之重。会展业是人员高度聚集的行业，它虽然能够给举办城市带来住宿、餐饮、旅游、购物等方面的经济收益，但是同时会加剧举办城市的交通拥堵。北京市本身就具有人口膨胀、交通拥堵的问题，大型会展活动则加剧了这一现象。在每年3—5月以及8—10月的办展高峰期，中国国际展览中心等重点场馆几乎天天爆满，会展基础设施的供需矛盾突出，不仅展馆超负荷运转，也导致周边交通拥堵、停车困难等一系列问题，给会展活动参与者带来很大的不便。

第三，环境承载力不堪重负。从环境承载力的角度来看，一方面，由于展会活动需要运送大量展品，在短时间内集聚大量人流，产生环境负担，已经不适宜在北京市大量举办会展活动；另一方面，北京市目前空气质量不佳的状况已经在很大程度上影响了会展活动的吸引力，也是部分展会选择离开北京在其他城市举办的重要原因。因此，亟须通过产业协同发展摆脱环境因素给展会活动带来的负面影响。

第四，缺乏协同将带来同质竞争，无助于会展业的健康发展。会展业所具有的对上下游产业的强势带动作用已经形成共识，在这种背景下，各大城市都已将大力发展会展业纳入议程。京津冀地区除去北京的会展场馆资源，还有天津梅江会展中心等一批新建成的展览场馆，北京、天津以及河北省各大城市都有自己的会展业发展布局。如果没有对整个行业的统筹规划，不能实现产业的协同发展，而且极有可能造成京津冀地区会展业的同质、恶性竞争，不仅造成产业资源的浪费，也不利于产业的健康成长。

总之，会展业作为一种对基础设施、交通、安全等公共服务具有较高依赖性的现代服务业，具有物流、商流大进大出的产业特征，其未来发展需要更大的空间。唯有京津冀会展业的协同发展方能实现会展业的"降耗增效"。

第四节　京津冀会展业协同发展的可行性

会展活动作为经贸洽谈、产品推广与文化展示的综合性平台，其发展不仅在一个城市内部需要有非常严格的产业秩序，在一个大的经济区内部同样需要统筹规划、协同配合，否则不仅无法实现规模效益，而且可能带来产业内部的竞争，从而增加参展商和观众的交易成本。京津冀地区在协同发展的大背景下，会展业的协同发展在经济、社会、文化等方面都具备坚实的基础，在空间布局、产业配套、资源共享、公共服务协作等方面具备理论可行性。会展业的协同发展不仅有利于缓解北京市中心城区的人口压力、资源压力与环境压力，而且有利于发挥区域内各城市的优势，结合主导产业，形成差异化发展定位，降低区域间的竞争，提升区域会展业的运行质量，形成会展业在京津冀大区域内的良性循环，实现"1+1>2"的效果。

一 京津冀会展业协同发展实现规模经济

对于大多数行业的生产来说，只有扩大规模，才能收到规模经济的好处，同样，会展业规模经济指的是随着会展产业经济活动规模的扩大，每个会展企业的平均成本不断降低、收益不断提高的过程。会展行业是一个规模经济效应明显的产业，即当会展活动达到一定规模时，收益增加的比率要大于会展生产要素投入的比率，所以与其他产业一样，会展业也有着规模扩张的内在需要。会展产业的规模化过程是一个市场竞争力不断提高、资本有机构成不断提高、会展企业整体管理水平和经营能力不断提高的过程，能够使会展业的经济效益和外部环境发生改变。

日益激烈的市场竞争要求会展企业提高生产要素的流动速度，要求其不断地扩展业务范围，实现多样化的经营运作，实现企业资源的高效配置。如果京津冀会展业能够依靠规模经济率先抢占领导地位，则可以利用雄厚的实力进一步巩固自己的市场占有率和竞争实力，而一旦错过规模经济的好处，则很容易在市场竞争中处于劣势地位。以规模经济追求市场利润最大化是会展业采取规模战略的内在动因，来自同业市场上的激烈竞争则是规模扩张战略的外在动因。京津冀协同发展恰恰给会展业的规模化提供了契机。把京津冀看作一个整体，在区域内对会展业进行统筹布局，一方面有助于会展企业更有效率地使用公共基础设施和上下游产业配套资源，降低成本，提高效率，形成圈内产业功能的互补，构成圈内的自组织经济体系；另一方面有助于整合京津冀的会展场馆和其他配套资源，打包参与市场竞争，在参与国际竞争或举办大型国际会展活动时，显示出较强的整体实力。

二 京津冀会展协同发展实现优势互补

北京市、天津市和河北省的会展业资源基础各具特色，京津冀会展业协同发展将有效促进其在服从和服务于区域整体定位的基础之上，根据自身特色和比较优势，寻求差异化定位，承担相应的会展职能，实现优势互补。具体表现在以下几个方面。

(一) 北京市的会展资源特征

北京市的城市功能定位是全国政治中心、文化中心、国际交往中心、科技创新中心，实施人文北京、科技北京、绿色北京战略，突出高端化、服务化、集聚化、融合化、低碳化。这属于典型的"知识型+服务型"城市，在高端服务业、高新技术产业和文化创意产业等方面具有明显优势。根据这一战略定位和产业特色定位，北京市的会展活动应定位于国际化、高端化方向发展。

从会展业自身发展水平来看，北京市具备良好的基础，2015年北京市室内展览总面积达到520.1万平方米，举办展览会总数达到415个[①]，会展业已经成为生产性服务业的重要组成部分。会展场馆方面，北京市的优势在于拥有中国国际展览中心（新馆）、雁栖湖国际会展中心、国家会议中心等基础设施达到较高水平的优质展馆，但受制于发展空间，北京市目前尚缺乏能够承载20万平方米以上大型展会的单体场馆，总体上看，大型场馆缺乏，重点场馆周边交通压力较大。会展品牌方面，目前北京已有21个展会通过了国际展览联盟（UFI）的认证，但这些展会仍存在国际化程度不高的问题，与国际知名展会相比，北京的国际展会中境外参展商及境外观众的比例都相对较低，国际影响力不足。

京津冀会展业协同发展，不仅有利于缓解北京市的环境压力和资源压力，而且对提升北京会展业的质量具有非常重要的价值。在京津冀一体化的大背景下，北京应发挥科技之都、文化之都、国际交往之都的优势，逐渐向高端转型，有重点、有选择地举办大型、国际化展览，控制办展数量，提升办展质量，扩大展会影响和辐射力，实现向国际会展中心城市迈进的目标。

(二) 天津市的会展资源特征

天津市是较早开放的沿海城市、北方重要的经济中心、国际性港

---

① 中国会展经济研究会：《2015年度中国展览数据统计报告》，2016年3月发布，第10页。

口城市，是我国制造业最为发达的城市之一。在京津冀功能战略定位中，天津市定位为"全国先进制造研发基地、北方国际航运核心区、金融创新运营示范区、改革开放先行区"。目前，天津市已经形成了航空航天、石油化工、装备制造、电子信息、生物医药、新能源、新材料、国防工业八大支柱产业，未来将着力优化发展高端装备、电子信息、新材料加工等先进制造业。天津市会展业的发展应首先与城市定位相契合，与主导产业相结合，在发挥会展业集聚、辐射能力的同时，为特色产品推广、重点项目招商引资提供平台。

从会展业自身发展水平来看，2012 年以来呈现出较快的增长态势。一方面，从举办展会的数量看，2012 年为 203 场，2015 年已经增长到 260 场；另一方面，从展览面积看，2012 年为 121 万平方米，2015 年已经增长到 346 万平方米，四年期间展览面积增长了 1.86 倍。① 由此看来，天津市办展数量和办展规模都呈现出快速上升的趋势。但相较于北京市，天津市办展数量和办展规模依旧较低。此外，会展场馆方面，天津国际展览中心、天津滨海国际会展中心、天津体育展览中心、梅江会展中心四大专业展馆室内展览面积累计达到 14.25 万平方米，其中天津滨海国际会展中心陆续承办了 2008 年夏季达沃斯论坛、首届中国企业国际融资洽谈会、中国生物经济大会、天津国际手机展览会、天津国际投资理财洽谈会等百余个国内外大型展会活动；品牌展会方面，截至 2014 年 6 月，天津共有 4 个国际展会获全球会展业协会（UFI）认证，分别是中国（天津）国际金属加工技术设备展览会、中国（天津）国际机械工业装备博览会、中国（天津）国际机床展览会和中国国际工业自动化技术装备展览会。②

日益完善的城市基础设施为会展业物流、人流的大进大出提供

---

① 参见中国会展经济研究会《2012 年度中国展览数据统计报告》第 6 页、《2015 年度中国展览数据统计报告》第 10 页。
② 王春才：《基于比较优势理论的京津冀会展业协同发展研究》，《商业经济研究》2015 年第 15 期。

了保障。天津市立体交通网络进一步完善：民航方面，国内干线网络不断完善，与国内主要城市之间以及与东亚、东南亚主要城市之间的航班密度不断加大；铁路方面，京沪高铁天津段、津秦客运专线、津保铁路、京津城际延伸线等铁路的建设完善使得以天津为中心的环渤海高速铁路网初现雏形；公路方面，京津塘、唐津高速公路增强了天津与周边主要客源地的通达能力。

基于天津市在京津冀协同发展中的战略定位，综合自身产业资源、基础设施、办展能力与场馆承载力，一方面，天津市应当结合优势产业，举办品牌展会，打造产业名片；另一方面，天津市应当利用大型场馆资源和便利的交通条件，努力承接受制于空间限制和环境限制，不适于在北京举办的大型展会，提升办展实力。

（三）河北省的会展资源特征

河北省环抱京津，地理位置独特，是京津发展的广阔腹地，从京津冀功能定位上看，河北省定位为"全国现代商贸物流重要基地、产业转型升级试验区、新型城镇化与城乡统筹示范区、京津冀生态环境支撑区"。从目前的发展水平来看，河北省第三产业发展较京津滞后，在未来的发展阶段，需借力发展。河北省具有得天独厚的容纳和对接京津服务外延扩散的空间，应当将会展业作为服务业的发展重点。会展业与住宿、餐饮、交通物流、旅游、零售、休闲娱乐等多个产业密切关联，会展业的发展有助于河北省在加快京津冀产业融合与协同发展过程中更好地承接产业转移，明确自身定位。

从会展业发展水平来看，2012—2015年，河北省举办的展览活动分别是253个、273个、298个和279个，总体呈现上升趋势，与此同时，展览面积从2012年的221.8万平方米增加到2015年的274万平方米。[①] 可见，无论是从数量上看还是从办展面积上看，河北省会展业都已经初具规模，具备一定的发展基础。但是在北京和天津的影响下，河北会展业处于相对劣势地位，会展业发展极不平

---

① 资料来源：中国会展经济研究会《2015年度中国展览数据统计报告》。

衡，只有廊坊、唐山及石家庄等少数几个城市具有较好的会展业资源。会展场馆方面，河北省境内共有十余个可举办会展活动的场馆，分布在石家庄、沧州、廊坊、秦皇岛等各个地市，不仅布局分散，而且单体展览面积普遍偏小。其中，最大的场馆为石家庄国际博览中心，室内展出面积为10万平方米，石家庄、廊坊、唐山等市的会展设施基础较好。总体上看，河北省会展业的发展同样受制于会展场馆规模较小的问题。此外，从举办的会展活动来看，河北省体现出大型会展项目较少、特色会展项目较多的特征。例如，唐山市发挥陶瓷产业优势，成功培育并举办了17届陶瓷博览会，廊坊市成功举办了17届农产品交易会，石家庄连续举办了45届城市采购节等。

基于京津冀协同发展中的战略定位，结合自身产业特点，河北省提出打造"一核、五极、多点"的会展产业布局，即以省会石家庄为核心，廊坊、唐山、沧州、邯郸、秦皇岛为增长极，张家口、承德、保定、衡水、邢台和部分县域经济发达的县（市）为增长点的产业布局。未来河北省一方面将通过承接京津展会、开发自身品牌等手段解决缺乏品牌展会、展会竞争力不强、国际化程度不高、专业化程度不够的问题，不断提高会展项目的规模、档次和质量，加大会展品牌的宣传推介，实现会展业的跨越式发展；另一方面，河北省钢铁、石化、新能源、电子信息、生物医药等先进制造业的进一步提质提速将与现代服务业的发展相互融合，形成良性互动，催生巨大的生产性服务需求，以此为契机，河北省有条件打造一批依托特色产业的主题展会。

综上所述，天津市和河北省在地理位置、交通设施等方面具有承接北京市大型会展活动的条件，京津冀会展业的长远发展应通盘考虑。北京市、天津市和河北省应当进一步明确功能定位，充分发挥各自比较优势，调整优化区域生产力布局，加快推动错位发展与融合发展，创新合作模式与利益共享机制，在有序疏解北京非首都功能的进程中实现会展业的良性互动，树立名品、精品意识，集京津冀三地之力，举办更多优质大型的展会。

三 京津冀会展业协同发展有利于降低交易费用

从制度经济学来看，交易成本是为达成一项交易所要付出的时间、精力和财力。在市场交易活动中，信息是一种稀缺资源。交易方获取市场信息的成本是交易成本的最主要组成部分。在传统经济模式下，企业必须在大范围内搜寻可交易的对象。这里包括两项成本：一是搜寻成本；二是对搜寻到的企业进行资历及可信任度的调查所要付出的成本。从交易的效率来看，"搜寻"对企业决策是有利的，搜寻的次数越多，规模越大，越能减少企业的有限理性及信息不对称带来的弊端。但是，这种"搜寻"是要付出代价的，搜寻信息要花费的时间、精力和各种费用构成了企业的交易成本。会展活动对参与者——供应商、参展商、专业机构和观众来说同样存在这样的问题，他们需要去"搜寻"展会信息，并对展会的质量与层次做出判断，这一过程同样需要花费相当的成本。会展活动的规模乃至会展业的繁荣又恰恰与这一成本息息相关——交易成本越低，相关主体参展的可能性越大；相反，交易成本越高，越可能影响到相关主体的参与热情。

京津冀会展业协同发展将有助于通过规模效应和统筹规划实现对重复办展这一顽疾的整治，从而降低交易费用。重复办展指的是在邻近的时间段，在同一城市举办内容相同、题目类似的两个或几个展览会。比如，2013年8月6—14日，北京共举办了三场礼品展——8月6日在北京展览馆举办了"2013第八届北京国际创意礼品及工艺品展览会"，8月14日在中国国际展览中心举办了"第28届励展华群北京国际家居、赠品及礼品展览会"和"2013第28届北京国际礼品、赠品及家庭用品展"。2013年10月21日至11月21日，分别在北京国际会议中心、中国国际展览中心和全国农业展览馆举办了"2013北京珠宝玉石首饰展览会""2013第二十三届中国北京国际美容化妆品博览会"和"2013北京国际珠宝展览会"。面对如此密集的同类型展会，企业在获取展会信息、辨别展会优劣、决策参展与否等过程中耗费更多的时间、精力甚至金钱，许多参展商对于参加哪场展会难以选择，有的干脆不参展，大多数企业则由于费用所限不可能重复参加两个展览，这就使一些行业的展览会永远都做不大，于是，重复办展与展会规模小、数量杂互为因果，陷入恶性循环。

京津冀会展业协同发展将在实现会展业规模经济的同时，实现会展业在区域内的统筹布局，有效克服重复办展的弊病，降低会展活动参与者的信息搜寻与质量鉴别成本，助推会展活动扩张，会展市场有序发展。

总之，比较优势理论和交易成本理论为京津冀会展业协同发展提供了理论依据和分析工具。对京津冀会展业而言，北京市、天津市和河北省三个区域都有各自不同的资源和优势，要实现京津冀会展业的协同发展，则需明确各方的资源禀赋、发展现状及比较优势，在资源共享、优势互补的基础上实现互利共赢、协同发展。会展业协同发展不仅在经济上实现规模效应、集聚效应，降低展会参与者的交易费用，促进会展业的发展壮大，而且有助于缓解北京市人口膨胀、交通拥堵、环境污染的"大城市病"问题，有助于助推天津市和河北省更好地承接北京市的产业转移，增强自身经济实力。京津冀会展业协同发展不仅具备经济基础，也具备资源基础，既有必要性又有可行性和可能性。

当然，京津冀会展业协同发展还面临诸多问题，例如交通、住宿、餐饮、商务、零售、娱乐设施等会展配套服务发展水平不均衡，主办、招展、展览设计、展台搭建、展具租赁以及综合服务方面的展览服务商数量相差悬殊；京津冀会展统一管理主体缺位，会展业协同发展整体构思尚未形成，会展场馆协同配合机制有待商榷等。因此，要实现京津冀会展业的协同发展，必须从更大的行政区域和经济区域，从空间布局、产业协同、资源共享、公共服务协作四个层面的战略构想出发，通盘考虑，全面提升京津冀地区会展业的战略规划高度。

第三章 京津冀地区会展业的发展现状

研究京津冀地区会展业的协同发展，除了需要对协同发展的价值所在、必要性以及可行性等基础问题从理论层面做出解释，最重要的工作还需要对京津冀地区会展业发展的历史与现状有着客观并且准确的把握。会展业是一个产业链条较长的产业，既涉及会展活动的策划、组织与运营，也涉及展品的运输、现场的搭建以及各种接待服务，因而对会展业总体发展状况的分析难以面面俱到，本书将从展览会数量、面积、展览场馆设施以及会展政策等主要方面，简要分析京津冀地区会展业的发展现状。

第一节 京津冀地区展览会发展概况

展览会是会展业的核心，会展业中的一切经济活动都是围绕展览会而展开的。在对展览会的考察中，既要从横截面的数据中分析展览会的数量和展出面积，又要从时间序列数据中，考察展览会在某一特定区域的增减变化。

一 北京市展览会的发展状况

（一）展会数量和展出面积

统计结果显示（见表3-1），2013—2015年，北京市展会数量的波动较为平缓，展会数量分别为418场、431场和415场。在境外办展方面，数量同样相对稳定，每年维持在40场左右。从展出面积来看，2013—2015年的变化幅度较大，其中2014年的展出面积达 608.19 万平方米，较 2013 年增长了 10.18%；而 2015 年的展出面积又出现了较大幅度的下滑，为 520.10 万平方米，较 2014 年下降幅度高达 14.48%。而在境外展出面积方面，2013—2015 年呈现持续快速增长态势，展出面积从 2013 年的 5.934 万平方米增长到 2014 年的 11.443 万平方米，增长率高达 92.8%；2015 年境外展出面积再创新高，达 15.944 万平方米，较 2014 年增长 39.8%。

表 3-1　　　　　　2013—2015 年北京市办展情况统计

年份	展会数量（场）	展出面积（万平方米）	境外展会数量（场）	境外展出面积（万平方米）
2013	418	552.00	38	5.934
2014	431	608.19	40	11.443
2015	415	520.10	37	15.944

资料来源：中国会展经济研究会发布的 2013—2015 年《中国展览数据统计报告》。

（二）京沪穗三城市展览会的比较

从与上海市和广州市的对比来看，上海市在展会数量和展出面积方面处于绝对领先地位。自 2012 年上海市展出面积突破 1000 万平方米以来，近几年展出面积增长迅速，2013—2015 年连续三年超越广州，并且遥遥领先于国内其他城市，位居首位。就北京和广州两地对比而言，展会数量差距不大，但是展出面积相差悬殊。2014 年北京市展会数量较广州市多出 39 场，但是展出面积仍落后于广州市约 250 万平方米。这说明，与广州市相比，北京市举办的展览会总体上规模较小、平均展出面积较低。此外，从境外展会数量和展出面积方面来看，2013—2015 年北京市无论在数量上还是在面积上均处于绝对领先地位，尤其是在境外展会数量方面，上海市和广州市呈现出在总量相对较小的情况下逐年递减的态势。在境外展出面积方面，北京市与两地的差距逐年拉大，保持绝对领先优势，说明北京市的境外办展市场相对较好（见表 3-2）。

表 3-2　2013—2015 年北京市、上海市与广州市办展情况对比

年份	地区	展会数量（场）	展出面积（万平方米）	境外展会数量（场）	境外展出面积（万平方米）
2013	上海市	798	1201.00	8	3.367
	广州市	480	831.00	9	2.687
	北京市	418	552.00	38	5.934
2014	上海市	769	1279.00	4	0.326
	广州市	392	858.57	4	3.080
	北京市	431	608.19	40	11.443
2015	上海市	749	1511.55	2	1.587
	广州市	482	861.70	2	0.967
	北京市	415	520.10	37	15.944

资料来源：中国会展经济研究会发布的 2013—2015 年《中国展览数据统计报告》。

（三）北京与全国热点会展省市的比较

从全国范围来看，2013—2015 年北京市在展会数量和展出面积上的排名相对靠前，位列第八名左右，但是与排名靠前的省市差距明显。以 2015 年为例，北京市举办展览会 415 场，位列第八名，比排名第七的江苏省少 250 场，比排名第一的广东省少 351 场；北京市 2015 年的展出面积为 520.1 万平方米，位列第八名，比排名第七的辽宁省少 87.55 万平方米，比排名第一的广东省少 1133.66 万平方米。由此可见，北京市近年来展览会的发展速度相对缓慢，与发展速度较快的省市相比几乎处于停滞不前的状态。具体情况参见表 3-3。

表 3-3　全国部分省市展会数量和展出面积比较

年份 省份	2015		2014		2013	
	展会数量（场）	展出面积（万平方米）	展会数量（场）	展出面积（万平方米）	展会数量（场）	展出面积（万平方米）
上海市	749	1511.55	769	1279.00	798	1201
江苏省	665	678.65	887	894.89	770	813

续表

年份 省份	2015 展会数量（场）	2015 展出面积（万平方米）	2014 展会数量（场）	2014 展出面积（万平方米）	2013 展会数量（场）	2013 展出面积（万平方米）
广东省	766	1653.76	617	1385.60	702	1339
重庆市	749	702.30	662	601.30	581	500
辽宁省	677	607.65	574	521.50	527	463
山东省	727	992.35	631	997.13	504	861
浙江省	728	767.59	565	666.27	501	594
北京市	415	520.10	431	608.19	418	552

资料来源：中国会展经济研究会发布的2013—2015年《中国展览数据统计报告》。

二 天津市展览会的发展状况

天津市2011—2015年展会数量和展出面积如图3-1所示。可以看出，在展览会数量方面，2011—2013年呈现出持续增长态势，2013年展会数量达213场。2014年展会数量急剧下降，仅有147场，为近五年最低。2015年展览会数量迅猛增加，达260场，较2014年增长了76.9%，为近五年最高。在展出面积方面，2011年展

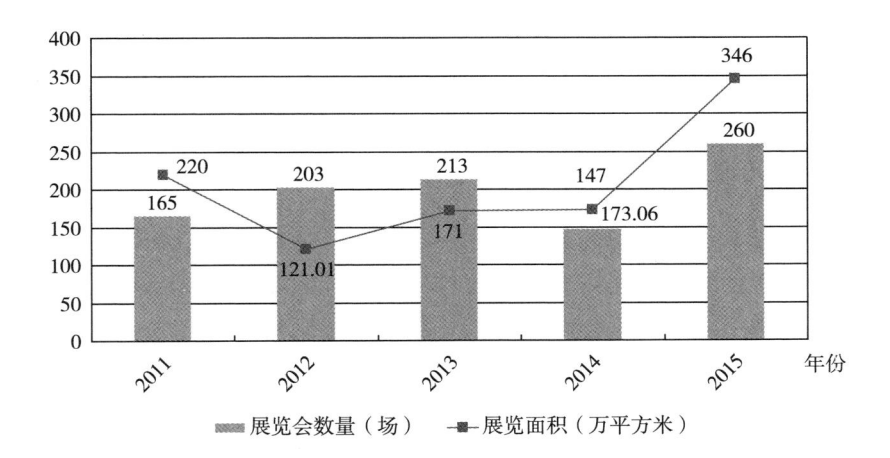

图3-1 2011—2015年天津市展览会数量和展出面积统计

资料来源：中国会展经济研究会发布的2011—2015年《中国展览数据统计报告》。

出面积为 220 万平方米，而 2012 年展出面积下降显著，仅为 121.01 万平方米，较上年减少约 100 万平方米。自 2013 年起，展出面积逐步恢复，呈现出不断增加的态势，2015 年展出面积达 346 万平方米，约为 2014 年展出面积的 1 倍。从这些数据可以看出，天津的展览业虽然在总体上呈现增长态势，但是无论从展览会的数量还是展出面积来看，市场波动较大，展览会市场的稳定性较低。

三 河北展览会的发展状况

2011—2015 年，河北省举办的展览会数量和展出面积统计如图 3-2 所示。从图中可以看出，河北省近五年来展览会数量和展出面积均呈现出先增加后下降的趋势。首先，从展览会数量方面来看，由 2011 年的 220 场增加到 2014 年的 298 场，增长幅度为 35%。2015 年展览会数量又出现了下滑，为 274 场，较 2014 年下降了 8.1%。其次，从展出面积方面来看，由 2011 年的 118.3 万平方米迅速增长至 2014 年的 283.6 万平方米，尤其以 2012 年增长幅度最大，较 2011 年展出面积增长了 87.5%。之后，2012—2014 年以年均约 30 万平方米的速度迅猛增长，然而 2015 年展览会面积又出现了下滑，由 2014 年的 283.6 万平方米下降至 279.0 万平方米，下降

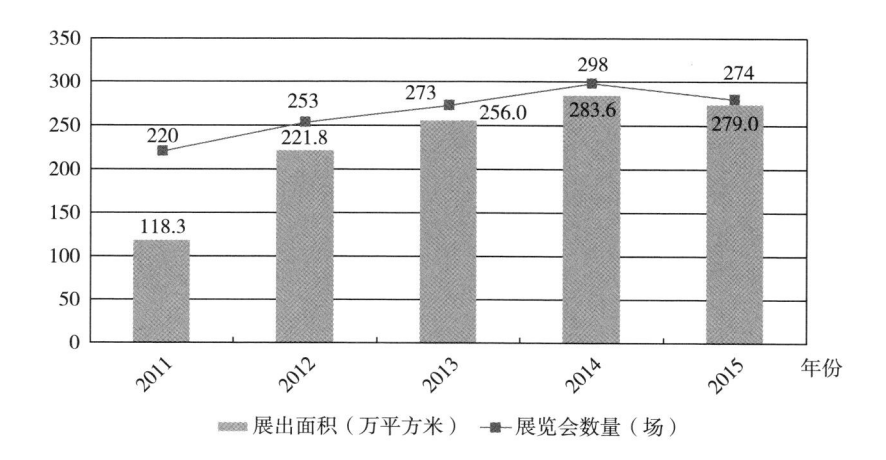

图 3-2　2011—2015 年河北省展览会数量和展出面积统计

资料来源：中国会展经济研究会发布的 2011—2015 年《中国展览数据统计报告》。

幅度为 1.6%。不过，近五年来河北省展览会的发展速度总体而言较为迅猛，尤其是在展出面积方面有较大幅度的提升。

四 京津冀地区展览会状况的内部比较

从境内展会数量和展出面积来看，北京市展会数量和展出面积连续五年位于全国前十名，但是有逐年下滑的趋势。如表 3-4 所示，北京市展会数量由 2011 年的全国第六名下滑到 2015 年的第九名；展出面积由 2011 年的全国第三名下滑到 2015 年的第九名。这表明，北京市的会展业在全国立有一席之地，但是正在逐渐走向衰落，被其他省市赶超。天津市的展会数量在全国连续五年位居第十五名左右，波动不大；展出面积排名在 2012—2014 年曾出现较大幅度的下滑，但是在 2015 年增长迅猛，跻身全国第十名。天津市会展业的发展在全国一直处于中等左右的水平，尽管曾出现较大的下滑，但是总体上有复苏之势。河北省展会数量和面积的全国排名与天津市相比较为靠前，展会数量排名与北京市较为接近，但展出面积排名位居北京和天津之间。总体而言，河北省展览数量和展出面积已初具规模，但是展览会平均规模明显偏低。

表 3-4 2011—2015 年京津冀地区展会数量和展出面积全国排名

项目	年份	2011	2012	2013	2014	2015
展会数量	北京	6	7	8	8	9
	天津	15	13	13	17	13
	河北	12	9	9	9	12
展出面积	北京	3	5	6	6	9
	天津	12	20	19	18	10
	河北	21	11	10	10	14

资料来源：中国会展经济研究会发布的 2011—2015 年《中国展览数据统计报告》。

第二节 京津冀地区展览场馆的建设现状

展览场馆是承接展览会的场所,是影响会展业发展的核心要素之一。展览场馆的展出面积决定了能够承接的展览会规模的大小,展览场馆的软硬件服务将直接影响到组展商、参展商、观众、媒体等多种利益相关者的参与体验。

一 北京市展览场馆现状

（一）北京市展览场馆概况

截至目前,北京市会展活动举办数量较多的专业展览场馆共有9个,表3-5列出了各个展览馆的投入使用时间、建筑面积和室内展出面积。从展馆的投入使用时间看,北京市不少展览馆的建立时间较为久远,室内展出面积较小,现代化水平不高,而最近几年投入使用的展馆在展出面积和现代化水平上已有改观。其中,中国国际展览中心（新馆）的室内展出面积达10.0万平方米,是北京市目前室内展出面积最大的现代化展馆;国家会议中心集会议和展览功能于一身,会议设施更为完善;雁栖湖国际会展中心承接展览会项目较少,主要以承接会议和节庆演出为主。从室内展出面积来看,新国展、老国展、九华国际会展中心和北京展览馆的可用展出面积较大。

表3-5 北京市主要专业展览场馆一览

展馆名称	投入使用时间（年）	建筑面积（万平方米）	室内展出面积（万平方米）
中国国际展览中心（新馆）	2008	66.0	10.0
中国国际展览中心（静安庄馆）	1985	15.0	6.0
中国国际贸易中心展厅	1990	56.0	1.0
北京九华国际会展中心	—	62.2	9.6
国家会议中心	2009	53.0	2.2

续表

展馆名称	投入使用时间（年）	建筑面积（万平方米）	室内展出面积（万平方米）
全国农业展览馆	1959	43.0	2.1
北京雁栖湖国际会展中心	2014	7.9	1.5
北京国际会议中心	1990	7.7	2.2
北京展览馆	1954	20.0	3.5

资料来源：各展馆官网。

（二）主要展览场馆的使用情况

目前，中国国际展览中心（新馆）、中国国际展览中心（静安庄馆）、全国农业展览馆、国家会议中心和北京展览馆是北京市最主要的展览会举办场所，各展馆2013—2015年展会数量统计结果如表3-6所示。可以看出，2013年和2015年五个展览场馆年办展总数分别为北京市该年办展总数的74.6%和74.9%，2014年这一比例更是高达82.6%，可见这些展馆承接了北京市举办的大部分展览项目。其中，中国国际展览中心（静安庄馆）和国家会议中心的年均展会数量最多；中国国际展览中心（新馆）尽管可供室内展出的面积最大，但是展会举办数量相对较少。

表3-6　2013—2015年北京市主要展览场馆年展会数量统计

展览馆	2015年	2014年	2013年
中国国际展览中心（静安庄馆）	125	136	111
中国国际展览中心（新馆）	37	41	28
全国农业展览馆	33	52	57
国家会议中心	84	83	75
北京展览馆	32	44	41
总计（场）	311	356	312
占当年全部展会数量的百分比（%）	74.9	82.6	74.6

资料来源：各展馆官网。

(三) 展览场馆的区域布局

表3-7列出了北京市全部可用于举办较大规模展览会的场馆的区域分布。从总体上看，北京市的展览场馆主要集中在市区五环以内，五环以外区县的展馆数量较少。各区域比较而言，朝阳区的展馆数量最多，其次为顺义区，其他大多数区域只有1个展览场馆。同时，在东三环北路区域形成了以中国国际展览中心（静安庄馆）和全国农业展览馆为中心的办展密集区。2008年北京奥运会之后，朝阳区奥运村的基础服务设施更加完善，对会展业发展的支撑作用更加显著，加之奥运场馆周边的国家会议中心正式投入使用，这一地区的展会渐趋活跃。

表3-7　　　　　　　　北京市展览场馆的区域布局

行政区域	展馆名称
朝阳区（9个）	中国国际展览中心（静安庄馆）
	国家会议中心
	北京国际会议中心
	全国农业展览馆
	国际贸易中心展厅
	北京蟹岛国际会展中心
	北京光华路五号国际会展中心
	朝阳规划艺术馆
	中国国际科技会展中心
顺义区（3个）	北京市东六环展览中心
	北京绿港花都国际会展中心
	中国国际展览中心（新馆）
西城区（2个）	北京展览馆
	民族文化宫
东城区（1个）	北京市规划展览馆
怀柔区（1个）	北京雁栖湖国际会展中心
丰台区（1个）	北京大红门国际会展中心
海淀区（1个）	海淀展览馆
昌平区（1个）	九华国际会展中心
房山区（1个）	北京房车博览中心
大兴区（1个）	北京经开会展中心

二 天津市展览场馆现状

(一) 天津市展览场馆的总体概况

天津市目前主要有4个展览场馆,各场馆的基本情况如表3-8所示。

表3-8　　　　　　　　天津市主要展览场馆一览

展馆名称	投入使用时间（年）	所在区域	占地面积（万平方米）	室内展出面积（万平方米）
天津国际展览中心	1989	河西区	5.50	3.50
天津滨海国际会展中心	2003	滨海新区	16.90	4.05
天津梅江会展中心	2010	西青区	25.62	5.40
天津体育展览中心	1994	南开区	12.23	1.30

资料来源：中国会展门户网站（www.cnena.com）、各展馆官网。

1. 天津国际展览中心。该展馆由中、日、德三国合资建设,于1989年投入使用,标志着天津从此有了正式的专业展览场所。2003年扩建后,占地面积5.5万平方米,建筑面积4.6万平方米,展出面积约3.5万平方米。该展览中心位于天津市的核心区域,与天津市委、市政府大院紧邻,同时毗邻天津大礼堂。展馆周围有十几家高星级酒店,能同时接待6000余人次入住。

2. 天津滨海国际会展中心。该展馆建于2003年,位于天津经济技术开发区第五大街,是天津市的重点建设项目。建成后陆续承办了2008年夏季达沃斯论坛、首届中国企业国际融资洽谈会、中国生物经济大会等百余个国内外大型会展活动。

3. 天津梅江会展中心。该展馆由天津泰达建设集团有限公司投资建设,2010年5月正式投入使用。梅江会展中心是目前天津市规模最大的会展场馆,集展览、会议、商务、餐饮等多功能于一体。室外展出面积约3.3万平方米,会议区域面积达8000平方米。

4. 天津体育展览中心。该展览中心位于南开区,由天津天体展览服务中心经营和管理，拥有三个现代化展览场馆以及商务中心、会议中心、体育宾馆等配套设施。室内展出面积1.3万平方米，室外展出面积4.3万平方米。

（二）主要展览场馆的使用情况

在梅江会展中心建成之前，天津市规模较大的展会都在滨海新区召开，2010年下半年梅江会展中心建成并投入使用以后，这种状况有了根本性的转变。梅江会展中心开放伊始就吸引了10个大型展会，展会的平均面积远远超出在滨海国际会展中心举办的展会。根据各展馆官方网站发布的展会信息，课题组对2013年和2014年天津市主要展览场馆的展会数量进行了统计，如表3－9所示。从中可以看出，天津国际展览中心、天津滨海国际会展中心和梅江会展中心是天津市展览会的主要举办地，2014年三个会展中心的办展总数占该年天津市办展总数的94.5%，几乎涵盖了所有的展会项目。从各场馆对比来看，天津国际展览中心和天津滨海国际会展中心年举办展览会数量较多，而梅江会展中心每年举办展览会数量相对较少。

表3－9　　2013—2014年天津市主要展览场馆展会数量统计

展馆名称	2014年	2013年
天津国际展览中心	41	74
天津滨海国际会展中心	67	52
天津梅江会展中心	31	20
总计（场）	139	146
占当年全部展会数量的百分比（%）	94.5	68.5

资料来源：各展馆官网。

三　河北省展览场馆现状

总体而言，河北省展览场馆建设比较分散，各地市会展场馆的数量和规模不一，具体如表3－10所示。从表中可以看出，石家庄市的会展业相对发达，有5个专业的会展场馆并且规模较大，其中河北国际会议展览中心建筑面积达 25 万平方米，其展览中心的室内净展出面积一期为 6 万平方米，后期还将进行扩建；此外，石家庄国际博览中心室内展出面积达 10 万平方米。各地级市对比而言，沧州市有两个专业会展场馆，室内展出面积总计 2.8 万平方米；唐山、廊坊、邯郸、秦皇岛、邢台和张家口各有一个专业会展场馆，以廊坊国际会议展览中心的室内展出面积最大，为 3 万平方米，该场馆的使用率也较高，展会数量在全省排名靠前；保定、衡水和承德目前还没有建成专业的展览场馆。此外，还有一些地区的会展场馆主要是进行某一行业的产品交易场所，如香河县金钥匙国际家具会展中心、华日国际家具展览中心是专业的家具展览馆，衡水市安平县丝网大世界国际会展中心则是全国范围内唯一的丝网产品专业批发市场，是丝网产品的交易中心，这些展馆基本不承接专业展览会。

表 3-10　　　　　　河北省主要专业展览场馆一览

城市	展馆名称	投入使用时间（年）	建筑面积（万平方米）	室内展出面积（万平方米）
石家庄	石家庄国际科技博览中心	2003	2.8	0.86
	石家庄老火车站会展中心	2013	1.7	1.15
	石家庄国际博览中心	2010	19.0	10.00
	石家庄市人民会堂会展中心	2003	3.9	0.35
	河北国际会议展览中心	2009	25.0	6.00
沧州	沧州国际会展中心	2007	2.9	1.80
	任丘市会展中心	—	—	1.00
唐山	唐山国际会展中心	2004	3.0	2.20
廊坊	廊坊国际会议展览中心	2000	3.5	3.00
邯郸	邯郸国际会展中心	2007	6.3	2.00
秦皇岛	秦皇岛国际展览中心	2015	2.2	1.84
邢台	沙河国际会展中心	—	—	1.60
张家口	张家口文化艺术会展中心	2013	4.5	1.00

资料来源：中国会展门户网站（www.cnena.com）、河北会展网（www.e-fair.cn）、各展馆官网。

第三节 京津冀地区会展业促进政策比较

会展业作为一种具有明显"外部经济性"的平台产业,不仅能够有效拉动举办城市的经济,而且对投资与贸易领域具有明显的促进作用。所以,政府通过一定的政策措施来支持会展业的发展,已经成为一个国际惯例。京津冀三地作为中国会展业相对发达的区域,过去数十年间也出台了各种各样的政策来刺激会展业的发展。

一 北京市会展业政策和导向

（一）主要政策和文件

为了支持和规范会展业的健康发展,北京市政府自20世纪80年代就开始出台了关于展览活动的管理措施。21世纪以来,随着会展活动的急剧增长以及对国民经济影响的不断提升,北京市密集性地发布了一系列有关会展业的政策文件,具体参见表3-11。

表3-11 近年来北京市会展业政策一览

名称	年份	发布单位
《北京市展览、展销活动消防安全管理暂行管理》	1986	北京市公安局
《北京市地方税务局关于对代理业征收营业税问题的补充通知》	2001	北京市地方税务局
《北京市地方税务局关于会展业享受非典期间营业税优惠政策的批复》	2003	北京市地方税务局
《北京市地方税务局关于代理有关营业税问题的批复》	2005	北京市地方税务局
《北京市人民政府关于修改〈北京市展览、展销活动消防安全管理暂行管理〉等二十七项规章部分条款的决定》	2005	北京市人民政府
《实施北京市大型社会活动安全管理条例办法》	2005	北京市公安局
《北京市文化创意产业发展专项资金管理办法（试行）》	2006	北京市财政局
《北京市"十一五"时期旅游与会展业发展规划》	2006	北京市发改委

续表

名称	年份	发布单位
《北京市展会知识产权保护办法》	2007	北京市人民政府
《顺义区促进会展业发展财政扶持意见》	2008	北京市顺义区政府
《朝阳区四大重点产业发展三年行动计划及措施》	2008	北京市朝阳区政府
《北京市国民经济和社会发展第十二个五年规划纲要》	2011	北京市人民政府
《关于大型国际会展活动主办方资金补贴管理办法》	2011	北京市东城区政府
《北京市"十二五"时期会展业发展规划》	2011	北京旅游发展委员会
《北京市政府会议会展奖励政策说明会》	2011	北京市人民政府
《北京市加快国际商贸中心建设的意见》（2011—2015）	2011	北京市人民政府
《关于促进我市商业会展业发展的通知》	2012	北京市商务委、市财政局
《中共北京市委关于制定北京市国民经济和社会发展第十三个五年规划的建议》	2015	北京市委办公厅
《北京市国资委国有经济"十三五"发展规划》	2016	北京市国资委
《怀柔区促进区域经济转型发展专项资金支持政策》	2016	怀柔区政府
《怀柔区会展业统计报表制度》	2016	怀柔区商务委、统计局
《怀柔2016年会展宣传计划》	2016	怀柔区政府
《延庆区"十三五"时期会展业发展规划》	2016	延庆区政府

资料来源：北京市政府、各区政府及政府相关部门网站。

（二）北京市会展业政策的特点

从上述出台的一系列政策措施来看，北京在会展业政策方面呈现以下特点。

1. 会展业依旧是未来发展的重点领域。例如，2012年由北京市商务委和市财政局联合发布的《关于促进我市商业会展业发展的通知》中，明确提出北京市发展会展业的目标是建立"国际会展聚集之都"和"亚太地区乃至世界最具影响力的国际会展之都"，希望通过会展活动带动策划、洽谈、交易、结算等高端环节聚集北京，以及展示首都商贸发展新形象。为了实现会展之都的目标，北京市提出首先从优化环境入手,支持建设会展公共信息服务平台,建立会展联席会议制度,完善行业协会职能、信息化建设以及行业统计等基础性工作;并对引进国际展会、培育品牌展会、整合同类同质展会提出了明确的要求。

2. 对符合政府支持条件的展会提供资金支持。例如,在《北京引导支持品牌展会名录》中,决定给予品牌展会主办方每届不超过100万元的奖励资金;在《关于促进北京市商业会展业发展的通知》中规定,在京连续举办两届以上、展出面积在5000平方米以上的同类同质展会,整合后展出面积超过整合前最大面积50%的,给予整合主办单位不超过100万元的奖励资金;对新引进的国际展会,在展出面积不低于3万平方米、参展商不低于500家、国际参展商不低于30%的基础上,对前三届展会每届给予主办方不超过50%的场租费用支持,最高不超过500万元。此外,在"北京市文化创意产业发展专项资金"中同样包含对会展业的资金支持;在平台建设方面,北京市会展公共信息服务平台建设单位可获得不超过50%的费用支持,总额最高不超过300万元;对于室内面积2万平方米以上专业展馆建设改造贷款给予不高于50%的贴息,每年贴息额度不超过500万元,贴息年限不超过两年。

3. 北京下属各区对会展业的侧重程度各不相同。例如,在延庆区"十三五"时期会展业的发展规划(2016)中强调,一要大力发展会展业,明确目标,细化任务,推动会展业持续发展,丰富城市内涵,提升品牌价值,进一步改善城市面貌;二要立足实际,结合世园会和冬奥会的筹办,整合提升会展业资源,增强行业竞争力,着力打造特色会展品牌;三要转变职能,实行政企分开运作,精准发力,发挥市场和政府互动调节、共同推进作用,示范化推动会展业的发展;四要从京津冀协同发展的大背景下考虑问题,创新发展模式,找准发展定位,促进互联网与会展业的融合发展,进一步推动经济社会更好更快发展。在怀柔区,过去20年的发展,特别是随着2014年雁栖湖生态发展示范区的全面建成,怀柔区的会展设施和配套服务得到了全面提升。"十三五"时期怀柔区进一步明确了建设"国际交往新区"的发展目标，通过会议会展活动等平台，不断承接首都对外交往职能。为了支持会展业的发展，怀柔区2016年还发布了三项与会展业有关的政策，分别从专项资金支持、会展业统计体系、会展的宣传推广等方面做了具体的部署安排。

最后需要特别指出的是，尽管在总体上北京对会展业的发展持积极的态度，但是随着京津冀协同发展中北京城市功能的重新定位，北京对新建展览场馆采取了比较强硬的限制措施。具体来说，2014年2月26日，习近平主席听取京津冀工作汇报并发表了重要讲话，明确了北京建设全国政治中心、文化中心、国际交往中心、科技创新中心"四个中心"的城市战略定位。2014年7月，全国首个以治理"城市病"为目标的"产业限制目录"出台，该目录规定北京中心城区不再批准建设展览类设施以及酒店、写字楼等大型公建项目；此外，《北京市文化创意产业发展指导目录（2016年版）》同样明确指出，城六区禁止新建游乐园和会议展览服务设施，全市禁止新建和扩建高尔夫球场。

二 天津市会展业政策和导向[①]

（一）相关政策和文件

近年来，天津市不仅出台了一系列政策措施来规范和推动本地会展业的发展，而且在推进京津冀三地会展业协同发展方面同样提出了一系列新举措。主要政策措施如表3-12所示。

表3-12　　　　　近年来天津市会展业政策一览

名称	年份	发布单位
《天津市促进会展业发展办法》	2011	天津市人民政府
《落实北京市天津市关于加强经济与社会发展合作协议工作分工方案》	2013	天津市人民政府

---

① 部分内容参考了回凤瑾的《基于政策文本的京津冀会展产业政策研究》，硕士学位论文，天津商业大学，2017年。

续表

名称	年份	发布单位
《贯彻落实京津冀协同发展重大国家战略推进实施重点工作协议》	2014	京津两市
《关于加快发展生产性服务业促进产业结构调整升级的实施意见》	2015	天津市发展改革委
《2015年天津市商务工作要点》	2015	天津市商务委员会
《天津市人民政府大型活动工作规范》	2016	天津市人民政府
《2016年天津市大型会展论坛活动计划》	2016	天津市人民政府
《天津市促进外贸回稳向好和转型升级的工作措施》	2016	天津市人民政府
《天津市"十三五"规划纲要》	2016	天津市人民政府
《关于促进我市旅游业改革发展的实施意见》	2016	天津市人民政府
《天津市2016年国民经济和社会发展计划》	2016	天津市人民政府
《天津市服务贸易创新发展实施方案》	2016	天津市人民政府
《关于促进新兴产业发展的指导意见》	2016	天津市滨海新区

资料来源：天津市政府网站。

（二）天津会展业的政策导向

从已经出台的相关政策措施来看，天津市会展业的政策导向主要呈现出以下特点。

1. 进一步明确办展原则。按照"三办"（办少、办精和办好）、"三减"（减少经费、批次和邀请领导）和"两提升"（提升实际效果和市场运作水平）的原则，市人民政府大型会展论坛活动办公室要做好总体协调，认真把关，加强指导，确保各项大型活动规范、顺利、安全、成功。①

2. 将会展业视为新兴服务贸易业态与高端现代服务业。《天津市促进外贸回稳向好和转型升级的工作措施》中提出，要加快推动服务贸易发展，积极培育健康、文化、金融、会展、高新技术以及专业服务等新兴服务贸易业态。《天津市2016年国民经济和社会发展计划》提出，要推进高端链条集群招商，引导外资投向旅游、会

---

① 参见《2016年天津市大型会展论坛活动计划》。

展等现代服务业。

3. 进一步推进会展业与旅游业的融合发展。2016年天津市在《关于促进我市旅游业改革发展的实施意见》中指出，要推进都市观光、休闲度假、商务会展三大旅游支撑体系建设。

4. 升级改造会展场馆。《天津市"十三五"规划纲要》提出，要改造提升会展场馆，增强大型会展活动的承接能力，提升会展服务品质。

5. 展会"引进来"与"走出去"相结合。天津市特别提出要办好夏季达沃斯论坛、国际矿业大会等一批国内外有影响力的展会，提升现有展会国际化程度和水平，积极引进国际知名展会来津举办，推动天津会展服务向发达国家和地区的水平迈进。同时，推动天津会展品牌"走出去"，积极筹办有国际影响力的高端论坛和重大国际赛事。

6. 促进会展业与文化产业的融合发展。2016年从国家层面开始大力支持文化贸易的发展，2016年《天津市服务贸易创新发展实施方案》中，明确提出鼓励文化企业开拓境外市场，支持办好马来西亚和新加坡华文书展、美国洛杉矶乐器展和休斯敦中文图书展等在海外举办的中国文化精品展会，办好斯里兰卡文化交流中心，支持文化企业参加境外国际大型展会和文化活动。

7. 确立两个重点区域——津南区和滨海新区。在天津市"十三五"规划中强调津南区要做强会展经济。根据天津市《关于促进新兴产业发展的指导意见》，天津滨海新区提出要推动新区会展业的发展，促进旅游会展、电子商务等领域全面发展，推进商务经济加快转型升级。

8. 设立会展业发展专项基金。通过设立专项基金对会展项目、企业、场馆和相关配套服务机构的发展、会展人才的培养和引进、会展宣传和招商推介等进行扶持。[①]

---

① 参见2011年出台的《天津市促进会展业发展办法》。

9. 优化会展业发展环境。例如，在天津市出台的《关于加快发展生产性服务业促进产业结构调整升级的实施意见》中提出，要建立会展业网上公共信息服务平台，规范会展的审批流程。又如，在2015年出台的《天津市人民政府大型活动工作规范》中进一步明确了展览会举办的规范要求。

三 河北省会展业政策和导向

河北省近年来非常重视会展业的发展，不仅从全省层面出台了一系列政策措施，各地市也根据各自特点推出了相关举措。

（一）主要政策和文件

为了促进全省会展业的发展，河北省不仅于2005年正式发布了《河北省会展业发展规划纲要（2006—2010年）》，2013年以来还相继出台了一系列相应的政策措施。具体参见表3-13。

表3-13　　　　近年来河北省会展业政策一览

名称	年份	发布单位
《河北省会展业发展规划纲要（2006—2010年）》	2005	河北省人民政府办公厅
《河北省会展业发展引导资金管理暂行办法》	2013	省财政厅、省贸促会
《河北省会展业"十二五"发展规划》	2014	河北省发改委
《河北省人民政府关于促进会展业改革发展的实施意见》	2015	河北省政府
《河北省会展业发展三年行动计划实施方案》	2015	河北省商务厅

资料来源：河北省政府网站。

此外，由中国国际贸易促进委员会河北省委员会编制、河北省财政厅审核的《2016省级部门预算》中提出，河北要"在推进会展经济发展上实现新突破"。为实现这种新突破，河北省贸促会需要充分发挥如下职能：一是要充分发挥"河北省会展业发展办公室"的职能作用，进一步做好全省会展业发展的引导工作。二是根据《国务院关于进一步促进会展业改革发展的若干意见》精神，充分利用国际展（博）览会平台，积极引领企业开拓国际市场，扩大河北省产品的国际市场份额。着力做好河北省企业参加境外专业性知名品牌展会的组织、培育、引进和扶持工作。三是积极参与京津冀贸易促进协同发展、环渤海地区贸促系统联席会议、冀鲁豫三省边界贸促合作机制，组织企业参加区域合作机制框架下的有关活动。四是在做好河北省内重点会展品牌的培育和扶持工作的同时，做好省外、境外会展品牌的引进工作，提高河北省会展品牌的影响力。五是做好全省会展业市场规范和基础管理工作，完善会展业发展统计分析，为省委省政府发展会展经济提供咨询、决策依据，规范市场运行，避免恶性竞争，确保河北省会展业健康有序发展。为实现年目标，首先，在组织上成立全省会展业发展工作领导小组，负责对全省会展业发展工作的统筹协调；其次，提供资金保障，给予预算资金支持。

（二）地方会展业的政策与措施

河北省下辖九个地级市以及数十个区（县），为促进本地会展业的健康发展，各地市也出台了一系列会展业政策，成立了相关的政府主管部门和行业组织。主要包括以下几点。

1. 石家庄作为河北的省会城市，在全省的会展业发展中一直处于领先地位。市商务局在2015年商务工作安排中，明确提出要大力发展会展业，提升会展的规模和质量，督促会展场馆建设，全面提升会展场馆的档次和水准。同时，要求充分利用现有场馆组织各类会展活动，筛选有条件的展会进档升级。特别是要根据展馆建设进度，提前谋划好今后重大会展工作，争取全年举办的各类展会超过100场。从具体的政策措施来看，主要有如下一些政策措施，具体参见表3-14。

表3-14　　　　近年来石家庄市会展业政策一览

名称	年份	发布单位
《关于加快会展业发展的若干意见》	2006	石家庄市人民政府
《关于促进我市会展业规范发展的实施意见》	2015	石家庄市人民政府

续表

名称	年份	发布单位
《石家庄市会展活动管理实施办法》	2016	石家庄市人民政府
《石家庄市2016年服务业重点行业发展工作重点》	2016	石家庄市人民政府
《石家庄市国民经济和社会发展第十三个五年规划纲要》	2016	石家庄市第十三届人民代表大会
《石家庄市人民政府关于推进国内贸易流通现代化建设法治化营商环境的实施意见》	2015	石家庄市人民政府

资料来源：石家庄市政府网站。

2. 沧州市2011年成立了会展经济工作领导小组。由市政府主管领导牵头，市商务局、发改委、财政局、公安局、工信局、贸促会等22个相关部门主要负责人参加。该机构的主要职责是：对全市各类大型会展活动进行统筹规划、统一指挥、宏观调控；审定全市会展业的发展规划和涉及全市会展业发展的有关政策、法规；对以沧州市政府名义主办、承办的各类全国性、国际性、区域性会展活动进行决策；就会展工作有关问题与上级部门和行业进行协调。

3. 廊坊市会展行业协会2015年4月正式挂牌成立。该协会的成立一方面架起沟通企业与政府的桥梁和纽带，更好地贯彻落实全市经济产业方针、政策；另一方面充分发挥协会的管理、协调、服务、自律作用，引导会展行业树立良好的职业道德风尚，促进公平竞争，加强行业交流，在首都会展产业转移中，更好地挖掘、整合、拓展会展资源，培育和承接品牌展会，打造精品会展项目，做大做强廊坊会展业。

（三）河北省会展业政策的演化与特点

随着全国会展业发展态势的变化以及河北省各地市功能定位的调整，河北省不同时期会展业的发展重点不断演化，宏观管理的重点也呈现出新特点，具体表现在以下方面。

1. "十一五"时期，河北省重点建设和形成四个会展城市，石家庄和廊坊力争在规划期内进入全国会展城市前30名，唐山在规划期内成为区域性会展城市，邯郸市成为晋冀鲁豫四省周边的区域性会展城市。

2. "十二五"时期，河北省提出构建以省会石家庄为核心，廊坊、唐山、沧州、邯郸、秦皇岛为增长极，张家口、承德、保定、衡水、邢台和部分县域经济发达县（市）为增长点的"一核、五极、多点"的会展业产业布局。

3. "十三五"时期，河北省会展业的总体布局是：（1）促进石家庄大型专业展馆的建设并投入使用，发挥省会城市对全省会展业的带动作用。（2）唐山要利用今后三年密集举办国际国内大型会展的机遇，加快各类场馆的扩容升级，借机带动全市会展业突破发展。（3）廊坊、保定要充分利用京津冀协同发展的历史机遇，承接北京行业性、区域性以及承载大型、巨型展品类的展会，探索与北京展览机构合作办展的模式，带动本市会展业快速发展。（4）张家口要充分把握与北京联合承办冬奥会的契机，大力发展体育、文化类会展业。（5）沧州、秦皇岛、衡水、邯郸、邢台、承德等市要发挥本地特色产业优势，培育行业特色展会。鼓励有条件的地市提早规划，在交通便利，靠近铁路、高速公路和机场的地方预留空间大的展览场馆用地，及早规划建设。

4. 保障会展业发展的措施更加明晰具体。比如，河北省会展业专项资金的发放要求更加明确具体；同时，提出要建立京津冀会展业交流协作机制，搭建信息服务平台，实现三地展会、展馆、参展商信息资源共享共用。

5. 由大兴展馆建设到完善展馆配套设施。特别要提升展馆的服务水平、智能化水平和现代化办展设施水平，使之能够适应现代化办展的需要；此外，要大力发展展览会上下游产业链，例如旅游、交通、餐饮、住宿和广告设计等，形成以会展业为核心的服务产业体系。

四 京津冀三地会展业政策的比较

（一）天津与北京会展业政策的比较

虽然北京市与天津市均出台了关于会展业的相关政策，但是比较来看，两者之间存在较大的差异。具体表现在：

1. 北京市的会展政策相对独立，很多都是立足自身的需求而制定的。而天津更多的是从与北京互动发展的视角来制定政策。通过《北京市"十二五"时期会展业发展规划》可以看出，北京会展业是在深入分析"十一五"期间的发展状况和"十二五"期间的北京发展环境后提出的，更强调对历史的延续；而2013年以来天津市的展览政策很多都是从京津合作的角度来制定的。

2. 北京市会展业的政策具有较强的连续性，从"十一五"到"十二五"已经形成了一个比较有逻辑的体系；而天津会展业政策则不同，在"十一五"期间天津出台了《天津市促进会展业发展办法》后，后续仅仅是一些零零散散的政策和措施，体系性和连续性不强。

3. 北京会展业的政策更加详细、目标更加明确。比如，在北京市会展业规划方面，明确提出了北京市四大会展核心功能区（新国展片区、奥体会展片区、国展—农展馆片区、首都会展片区）的发展方向，详细而具体。而天津市的政策，不论是《天津市促进会展业发展办法》还是后续的相关政策，很少有具体明确的发展目标以及方式方法等。

4. "十三五"时期，为了进一步配合北京城市定位与城市功能减负的目标，北京提出会展业发展要走高精尖之路，其中怀柔和延庆是发展较为重点的两个区域。然而对于天津而言，会展业的政策涉及面更广，不仅在办展原则上做出了相关规定，还特别强调会展业与服务贸易、文化贸易以及旅游业的融合发展，在区域布局中，提出将津南区和滨海新区列为重点发展区域。

（二）河北省与北京市会展业政策的比较

河北省环抱京津，地理位置独特。在鼓励和发展会展业方面，河北和北京分别出台了《河北省会展业"十二五"发展规划》和《北京市"十二五"时期会展业发展规划》，依据会展业的发展现状及特点，两份政策文件有针对性地对本地区"十二五"时期会展业的发展进行了科学规划。从内容上看，两份政策文件主要从指导思想、基本原则和发展目标、产业布局和发展重点、保障措施等方面对会展业的发展做出了相应安排。对比来看，河北省和北京市在会展业政策制定上主要有以下异同。

1. 相同点。（1）两地在"十二五"会展规划中都强调"大会展"理念，将会议、展览、节庆、演艺、奖励旅游等不同业态纳入规划，推动协调融合发展。（2）两地均以国际化、市场化、品牌化和专业化为发展目标，都强调坚持"政府引导、市场运作"的发展模式，积极培育市场主体，提升会展活动的国际化程度、加快出国（境）展览发展，积极培育品牌展会，提升展会的专业化水平。（3）均强调优化产业布局，打造产业集群。河北省从各区市会展基础设施建设以及品牌展会的发展情况出发，结合各地市产业特点，提出了打造"一核、五极、多点"的会展产业布局，即以省会石家庄为核心，以廊坊、唐山、沧州、邯郸、秦皇岛为增长极，以张家口、承德、保定、衡水、邢台和部分县域经济发达县（市）为增长点的产业布局。北京市则结合本市会展产业发展状况以及各区县实际，着力培育和构建"四核六板块"的产业布局。其中，"四核"指的是四大会展业综合发展核心功能区，即顺义新国展片区、奥体会展片区、国展—农展馆片区、首都会展片区（大兴）；"六板块"指的是六大会议业主导的会展产业集聚板块，即密云龙湾水乡板块、怀柔雁栖湖板块、昌平小汤山板块、海淀稻香湖板块、石景山首钢板块、丰台青龙湖板块；"四核"主要举办和引进国际大型会议、展览、赛事等，"六版块"则依托各地产业优势和资源优势发展特色会展活动。（4）均强调大型专业化的会展场馆建设。河北省在规划中指出，要根据本省会展产业空间布局及定位，结合各区市城市发展规划，不断完善会展场馆基础设施建设。规划期末，形成大中小结合、布局合理的会展场馆体系。北京市在规划中强调加强现有专业会展场馆（特别是中国国际展览中心新馆）周边地区设施配套和功能完善，创新发展服务业态。另外，北京提出要结合首都新机场建设契机，在南部地区（大兴区）规划建设与北京"中国特色世界城市"地位相符合，集展览、会展服务（会展策划、组织、工程、广告等）、会展培训教育以及居住、购物、餐饮、娱乐等功能于一体，通过产业集群方式带动相关生产性服务业互促发展的会展产业基地。

2. 不同点。（1）两种不同形式的会展业管理机构。北京市在规划中指出尽快研究设置独立的会展产业发展促进机构作为行业行政主管部门，在机构设置上与发达国家及国际会奖业（MICE）接轨，强化政府层面对会展业的宏观调控、部门协调和资源整合等方面的服务功能。而河北省拟规划成立会展业发展领导小组，统筹管理全省会展业发展。领导小组并非独立机构，而是设立在省贸促会之下。（2）政策支持程度不同。河北省指出将研究制定符合本省实际的推进会展业快速发展的优惠政策和扶持措施。对注册资金在500万元以上的新办会展企业自开办之日起两年内的企业所得税实行全额返还。对会展场馆在项目审批、用电、用水、用气价格等方面享受公共服务设施的政策。鼓励为会展业配套的广告、策划、礼仪、会计、咨询、法律通关等服务业的发展。而北京市将建立会展业发展专项基金，充分发挥财政资金的引导和激励作用，每年安排一定数额的资金（不低于人民币3000万元）专项支持会展业发展，用于鼓励和支持大型品牌展会项目、重大国际会议的引进或连续举办。同时，北京拟配套出台《北京市会展业发展专项资金使用管理办法》，落实奖励细则，规范会展专项资金的使用和管理。

五 京津冀会展业协同发展的政策进展

京津冀协同发展的国家战略实施后，对于会展业虽然还没有出台相应的协同发展规划或者文件，但三地在政策协调方面已经进行了不少有益的探索。这主要表现在以下几方面。

1. 京津冀三省市 2014 年 9 月共同签署"商务行动方案",强调要加强开放型经济合作,构建会展合作平台。强调要借助中国(北京)国际服务贸易交易会(京交会)、中国·天津投资贸易洽谈会(津洽会)、中国·廊坊国际经济贸易洽谈会(廊洽会)等载体,整合三地会展资源,错位发展,共同培育具有国际影响力的品牌展会,为三地服务贸易、货物贸易发展和项目投资合作创造更加便利的环境。

2. 北京市与天津市在《落实北京市天津市关于加强经济与社会发展合作协议工作分工方案》中,明确提出要通过整合天津、北京的双方资源,共同举办一个大型会展活动,定期在两个城市互办,具体主题限定在文化旅游与会展的融合领域。

3. 京津两市 2014 年 8 月共同签署的《贯彻落实京津冀协同发展重大国家战略推进实施重点工作协议》中,明确提出要加强北京市和天津市的会展合作,双方充分发挥自身会展资源优势,积极组团参加对方的品牌展会,形成各具特色、互为补充、协调发展的格局;双方需要深入推进会展规划、会展政策研究、会展品牌建设及会展人才培养等方面合作,支持北京知名会展企业到天津发展,共同提升会展业的发展水平。

4. 天津市在《2015 年天津市商务工作要点》的第四条指出,要开展京津冀务实合作,推动会展服务区域联盟;第五条要求推进京津会展业交流与合作,研究制定支持政策,吸引一批北京品牌展会和展览公司落户天津。

5. 河北省 2016 年在"对政协河北省第十一届委员会第四次会议第 148 号提案的答复"中提出,在商务服务领域,要建设商务会展基地,建立京津冀会展业交流协作机制,搭建信息服务平台,实现三地展会、展馆、参展商信息资源共享共用。河北要积极承接北京非首都功能疏解和京津产业转移,整合资源、优化服务、加强对接,吸引北京与河北省产业基础相关的知名展会落户河北。

除了上述政策措施,天津市在助力京津冀会展业协同发展方面还推出了不少有力度的行动措施。例如，2014年总投资为1.3亿元的京津冀会展产业孵化基地项目落户武清区，建成后年产值将达1.2亿元。该基地主要是为国内外众多品牌的汽车生产商提供相应的配套服务和展销场地，也可以更好地承接北京大型汽车展览外溢展览项目，切实推动京津冀会展业协同发展。

第四节　京津冀地区会展业发展环境分析

一　北京市的办展环境分析

（一）经济环境

北京市2013—2015年的经济数据统计如表3-15所示。从地区生产总值看，北京市近三年一直保持持续增长状态，连续三年在全国各省市的地区生产总值排名中居第13位，在全国城市的地区生产总值排名中居第2位。2015年北京市实现地区生产总值23014.6亿元，按可比价格计算，较2014年同比增长7.9%。从人均地区生产总值看，近三年同样保持持续增长状态，2015年首次突破10万元。

表3-15　　　　　　2013—2015年北京市地区经济数据

指标	2013年	2014年	2015年
地区生产总值（亿元）	19800.8	21330.8	23014.6
人均地区生产总值（万元/人）	9.4	9.9	10.6
地区生产总值省市排名	13	13	13
地区生产总值城市排名	2	2	2

资料来源：北京市统计局官网（www.bjstats.gov.cn）。

（二）服务业的整体水平

北京市服务业发展势头迅猛，日益成为北京市经济社会转型发展的新引擎、新方向。北京市统计局发布的数据显示，北京市

2011—2015年第三产业实现持续增长，第三产业增加值占全市生产总值的比重持续上升。2015年北京市第三产业实现增加值18302亿元，占全市生产总值的比重高达79.7%。具体情况参见图3-3。

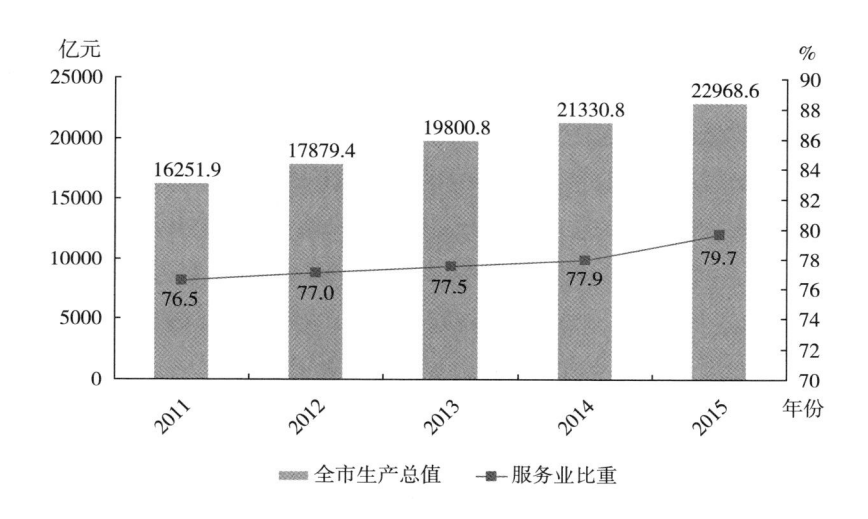

图3-3　2011—2015年北京市全市生产总值和服务业比重

资料来源：北京市统计局官网（www.bjstats.gov.cn）。

除此之外，北京市2015年文化创意产业实现增加值3072.3亿元，较2014年增长8.7%；占全市生产总值的比重为13.4%，比2014年提高了0.2个百分点。

（三）展会接待能力

根据中国会展经济研究会发布的2013—2015年《中国展览数据统计报告》，2013—2015年北京市没有建设新的展览场馆。[①] 截至目前，北京9个专业展览场馆室内总展览面积达44.79万平方米，平均室内展览面积为4.98万平方米/个，展览馆数量和可供展览面积基本能够保证各类中小型展览项目的举办，展会接待能力较强。

---

① 雁栖湖国际会展中心于2014年投入运营，但以举办会议为主，展览会举办数量较少。

(四)政府、行业协会的规范与引导

会展业的持续健康发展离不开政府和行业协会的规范和引导。根据中国会展经济研究会发布的最新数据,截至2015年,北京市拥有一个市级会展业协会组织——北京国际会议展览业协会,但是缺乏独立的政府会展管理机构。其中,北京国际会议展览业协会由中国国际贸易促进委员会北京市分会联合有关机构发起,旨在规范北京市会议与展览业的市场秩序、优化会展环境、提升会议展览的质量和效益。目的是通过加强与国际会议和展览业相关机构的联络与合作,努力把北京建设成为国际知名的会展城市。

(五)会展人才培养

北京市十分重视会展专业人才的培养,早在2002年已经在北京第二外国语学院等高校开设会展策划与管理方面专业教育,着手培养科班的专业人才。目前已经有6所普通本科院校和12所职业教育院校开设了独立的会展专业或者专业方向。而且,北京市"十二五"期间会展业发展规划明确指出:(1)除了要发展会展高等教育,还要通过院校、中介组织和会展企业三条渠道组织经常性的会展职业短训;与国际会展组织或机构合作开展会展业高级人才培训或研修项目;(2)鼓励会展教育定制化,与组展商合作培养专业人才,实现课程设置模块化、实习活动主题化、理论和实践循环互动的良好机制;(3)对符合引进条件的高级会展专业人才,在入户、住房和子女入学等方面提供便利和支持;定期选派会展业相关管理部门公务员到中国香港、新加坡、欧美等会展业发达的国家或地区进修学习;(4)开展会展人才职业资格认证工作,形成各个级别和层次的会展管理与会展技术人才评估机制与专业人员聘用体系。

二 天津市办展环境分析

(一)经济环境

天津市2013—2015年的经济数据统计如表3-16所示。从地区生产总值看,近三年保持了持续增长状态,连续三年在全国城市排名中居第5位,在全国各省市排名中,2013年和2015年居第19位,2014

年居第 17 位。2015 年天津市实现地区生产总值 16538.2 亿元，按可比价格计算，较 2014 年同比增长 5.2%。从人均地区生产总值看，近三年同样保持持续增长状态，2015 年为 10.69 万元/人。

表 3-16　　　　　　2013—2015 年天津市经济数据

指标	2013 年	2014 年	2015 年
地区生产总值（亿元）	14442.0	15726.9	16538.2
人均地区生产总值（万元/人）	10.01	10.52	10.69
地区生产总值省市排名	19	17	19
地区生产总值城市排名	5	5	5

资料来源：天津市统计局官网（www.stats-tj.gov.cn）。

（二）服务业的整体水平

天津市 2011—2015 年全市生产总值和服务业产值所占比重统计如图 3-4 所示。总体而言，服务业所占比重随全市生产总值的不断增加而呈现持续上升趋势，服务业对全市生产总值的贡献较大。2015 年第三产业实现增加值 8604.08 亿元，服务业增加值比重首次突破 50%。然而，与北京市对比来看，天津市服务业增加值不足北京市服务业增加值的一半，且所占比重相对较低。

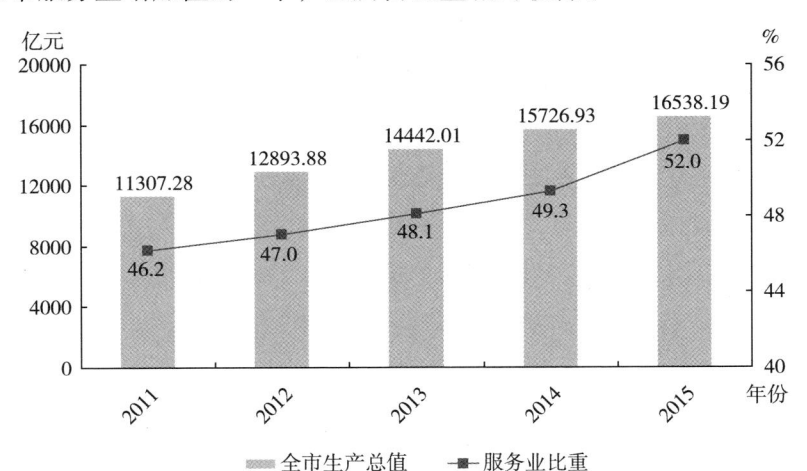

图 3-4　2011—2015 年天津市全市生产总值和服务业比重

资料来源：天津市统计局官网（www.stats-tj.gov.cn）。

(三) 展会接待能力

根据中国会展经济研究会发布的 2013—2015 年《中国展览数据统计报告》，天津市目前共有三个专业的展览场馆，2013 年和 2014 年展馆数据未发生变化，室内展览面积为 11.25 万平方米。2015 年在展馆数量不变的前提下通过展览场馆的扩建和改造，总室内展览面积增加到 12.9 万平方米。由此来看，天津市目前虽然已经形成了一定的展会接待能力，但是依旧无法接待 10 万平方米及以上的大型展览项目。[①]

(四) 政府、行业协会的规范与引导

根据中国会展经济研究会发布的《2015 年中国展览数据统计报告》，截至 2015 年，天津市拥有 1 个会展行业协会组织——天津市会展行业协会，同北京一样，目前缺乏独立运作的政府会展管理机构。其中，天津市会展行业协会成立于 2004 年，主要职责包括加强会展行业管理、行业自律，组织相关培训、提供信息服务和咨询服务等。天津市会展行业协会的成立通过整合天津市的会展资源，有效地促进了本地区会展业的发展。

(五) 会展专业人才的引进和培养

天津市同样非常重视会展人才的培养，出台了相关政策支持本地会展人才培养和引进高层次会展人才。例如，2011 年出台的《天津市促进会展业发展办法》指出，要设立会展业发展专项基金，对会展项目、企业、场馆和相关配套服务机构的发展，会展人才的培养和引进，会展宣传和招商推介等进行扶持，对符合本市需求的高级会展人才，可以按照本市相关规定享受户籍迁入、子女入学等优惠政策。

三 河北省办展环境分析

(一) 经济环境

2013—2015 年河北省地区经济数据如表 3-17 所示。从各项指

[①] 商务部与天津市共建的天津国家会展中心项目一期规划室内展览面积为 20 万平方米，但目前由于种种原因已经停工，未来能否继续建设尚是未知数。

标可以看出，河北省近三年经济发展状况较好，地区生产总值和人均地区生产总值均保持持续增长状态。2015年地区生产总值达29806.1亿元，人均地区生产总值达4.04万元/人。从地区生产总值全国省市排名上看，近三年排名较为稳定，2013年和2014年维持在第六名，2015年为全国第七名。

表3-17　　　　2013—2015年河北省地区经济数据

指标	2013年	2014年	2015年
地区生产总值（亿元）	28301.4	29421.2	29806.1
人均地区生产总值（万元/人）	3.89	3.99	4.04
地区生产总值全国省市排名	6	6	7

资料来源：河北省统计局官网（www.hetj.gov.cn）。

（二）服务业的整体水平

从河北省2011—2015年全省生产总值和服务业比重统计图可以看出（见图3-5），服务业所占比重呈现持续增长趋势，但是增长速度相对缓慢。2015年全省实现第三产业增加值11978.7亿元，所占比重为40.2%。尽管第三产业增加值处于持续增长态势，但是与京津两地相比，服务业所占比重仍旧明显较低。第一、第二、第三产业对比而言，2015年第二产业增加值最高，达14388.0亿元，所占比重为48.3%。

（三）展会接待能力

根据中国会展经济研究会发布的2015年《中国展览数据统计报告》，河北省2015年专业展馆数量为13个，室内展览面积总计27.55万平方米，各展馆的平均室内展览面积为2.12万平方米/个。总体而言，目前河北省展馆数量尽管很多，但是单体规模相对较小，接待展会的能力有限。

此外，河北省各地市对比而言，目前石家庄市专业展馆数量、场馆室内展览面积均位列第一，室内展览面积达12.76万平方米；场馆室内展览面积位居第二的是廊坊市，达3.35万平方米；室内展

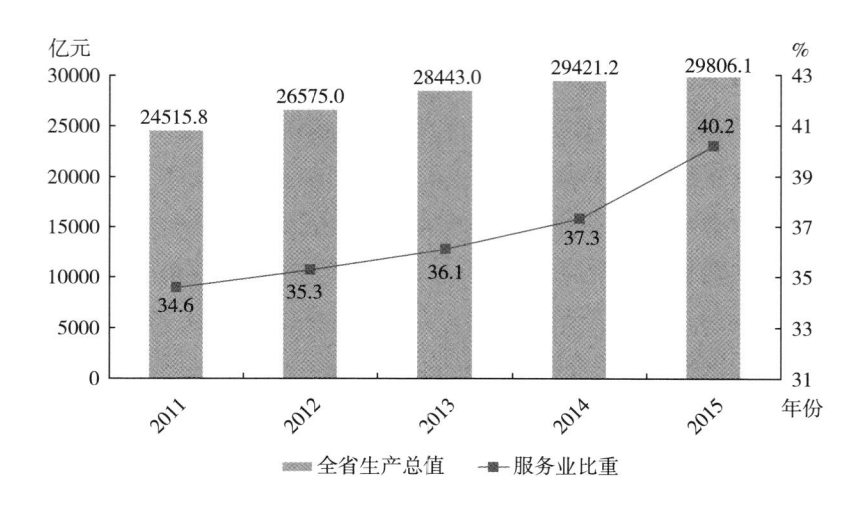

图 3-5　2011—2015 年河北省全省生产总值和服务业比重

资料来源：河北省统计局官网（www.hetj.gov.cn）。

览面积最小的是张家口，为 1 万平方米。此外，衡水、保定和承德并没有专业的展览场馆，展会接待能力较差。

（四）政府、行业协会的规范与引导

中国会展经济研究会发布的最新调研数据显示，截至 2015 年河北省共设有政府管理机构 7 个、会展协会组织 4 个、会展研究机构 1 个。具体而言，4 个行业协会分别是 2007 年成立的河北省会展业协会、2011 年成立的邢台市会展行业协会、2015 年成立的迁安市会展产业协会和廊坊市会展行业协会；河北省的会展业政府管理机构多为各地方成立的领导小组或会展办，具体包括 2006 年成立的石家庄市会展业发展领导小组、2011 年成立的沧州市会展工作小组、2008 年成立的邯郸市会展业发展管理领导小组以及 2005 年成立的唐山市会展办公室等。

（五）会展专业人才培养

河北省十分重视会展专业人才的培养，在《河北省会展业"十二五"发展规划》中明确指出，支持本省大中专院校开展会展专业教育，完善会展学科体系，加强师资队伍建设；强化行业培训，建立职业会展人才培训机制,提升从业人员的专业技能;加强与国内外著名展览机构的交流与合作,引进一批善经营、会管理、懂法律的会展管理人才和熟悉会展知识、精通会展市场营销的专业人员队伍;建立人才使用和人才储备机制,逐步形成学历教育、职业培训、实务操作等不同层次的多元化会展人才培养体系。

四 京津冀地区办展环境比较

(一)经济环境

2015年北京市、天津市和河北省经济数据对比如表3-18所示。从表中可以看出,河北省的地区生产总值最高,其次为北京市,天津市的地区生产总值相对较低;然而从人均地区生产总值来看,天津市最高,为10.69万元/人,其次是北京市,为10.64万元/人,两者相差较小,河北省2015年人均生产总值最低,仅为4.04万元/人。

表3-18　　　　　　2015年京津冀地区经济数据对比

指标	北京市	天津市	河北省
地区生产总值(亿元)	23014.6	16538.2	29806.1
人均地区生产总值(万元/人)	10.64	10.69	4.04

资料来源:北京市统计局官网、天津市统计局官网、河北省统计局官网。

(二)服务业的整体水平

2015年京津冀地区第三产业统计数据如表3-19所示。三地区对比来看,北京市服务业发展水平较高,2015年第三产业增加值占地区生产总值的比重高达79.7%,明显高于天津市和河北省,说明服务业已经发展成为北京市的支柱产业。河北与天津两地对比来看,第三产业增加值总量上河北省大于天津市,然而从第三产业增加值占地区生产总值的比重来看,天津市明显高于河北省,说明与第一、第二产业相比,第三产业在河北省的发展有待进一步提升。

表 3-19　　　　　　2015 年京津冀地区第三产业统计比较

指标	北京市	天津市	河北省
第三产业增加值（亿元）	18302.00	8604.08	11978.70
占地区生产总值的比重（%）	79.70	52.00	40.20

资料来源：北京市统计局官网、天津市统计局官网、河北省统计局官网。

（三）展会接待能力

如表 3-20 所示，从展馆数量来看，目前河北省拥有的专业展览场馆数量最多，为 13 个；北京市次之，为 9 个；天津市最少，仅有 3 个。从室内展览面积来看，北京市最多，达 44.79 万平方米，天津市最少，为 12.9 万平方米；从平均室内展览面积来看，北京市和天津市相当，河北省最小。因此，总体而言，目前河北省和天津市展馆规模普遍较小，展会接待能力一般；北京市场馆数量相对较多，接待能力相对较高，但目前主要接待 10 万平方米以下中小型展览。很多 10 万平方米以上的展会只能通过搭建临时展馆、同时租用两个以上展馆等途径解决。这不仅给参展商和观众带来不便，也直接影响展览会的展示和贸易效果。

表 3-20　　　　　　2015 年京津冀地区专业展览场馆数据对比

省市	场馆数量（个）	室内面积（万平方米）	平均室内面积（万平方米/个）
北京市	9	44.79	4.98
天津市	3	12.90	4.30
河北省	13	27.55	2.12

资料来源：中国会展经济研究会发布的《2015 年中国展览数据统计报告》。

（四）会展人才教育与培训

表 3-21 对京津冀地区开展不同层次会展教育的院校数量进行了统计。从统计结果可以看出，截至目前，三个地区的会展教育都以高职高专院校数量居多，其中，北京市和河北省分别有 12 所高职

高专院校开设会展专业或方向，天津市有 8 所；从本科教育来看，北京市和天津市开展本科会展教育的院校数量相当，分别为 6 所和 7 所，河北省仅有 3 所；从硕士学位教育来看，北京市和天津市分别有 3 所和 2 所院校开展了硕士学位教育，而河北省目前还没有高校开设会展硕士教育。总体而言，北京市和天津市开展会展教育的院校数量较多，且教育层次相对较高，而河北省会展教育层次相对较低，以高职高专教育为主，本科教育院校数量有限，而且尚缺乏开设硕士学位教育的院校。

表 3-21　北京市、天津市、河北省开设会展专业的院校数量统计

省市	本科院校（所）	高职高专院校（所）	硕士教育院校（所）
北京市	6	12	3
天津市	7	8	2
河北省	3	12	0

资料来源：杨琪：《会展学研究》（微信公众号），天津商业大学。

第四章　长三角和珠三角会展业协同发展分析

本章以长三角和珠三角地区会展业协作实践为研究对象，运用案例研究的规范方法，探索区域会展业协作发展的内在动因、机理以及运作结构，从而为京津冀会展业战略布局与协同发展的理论思路提供实践参考。

第一节　案例研究方法和样本选取

本章采用的是双案例比较分析法，通过选取两个典型的区域样本进行深入剖析，分析区域会展战略合作与协同发展的运作架构模式的适用性。在案例研究当中，虽然单案例研究可以对单样本进行细致的多方面的分析，透析各种错综复杂的现象，深入反映行业的运行规律，但是很多学者更倾向于采用多案例研究方法，原因在于多案例研究要比单案例研究更为可靠，得到的结论更具有普遍性和一般性。①

本书选取的样本涉及长三角和珠三角两个城市群。上海交通大学城市科学研究院、教育部《中国都市化进程年度报告》课题组于2014年12月30日发布的《中国城市群发展报告2014》显示，长三角、珠三角、京津冀在2014年中国六个城市群综合指数水平中分

---

① Eisenhardt, K. M., "Building Theories from Case Study Research", *Academy of Management Review*, 1989, 14 (4): 532–550.

别位于前三甲，评价包括人口、经济、社会、文化和均衡性五个方面。长三角、珠三角、京津冀在优质人口集聚、居民生活质量和文化发展水平上走在前列，位居第一阵营。

长三角地区是长江三角洲地区的简称，是指以自然地理为基础，有经济社会联系及相似发展特征，以行政区划为边界的经济区。目前，对长三角地区有三种不同的解释：第一种是"小长三角"的概念，是指上海市，江苏省的苏州、无锡、常州、镇江、南京、南通、泰州、扬州，浙江的嘉兴、湖州、杭州、绍兴、宁波、舟山和台州16个城市及其周边地区；第二种是"大长三角"的概念，是指上海市、江苏省和浙江省全部行政区；第三种是"泛长三角"的概念，是指上海市、江苏省、浙江省与安徽省等临近省份。本书中使用的长三角地区是"大长三角"的概念，主要是指上海、江苏和浙江两省一市的全部。根据国务院2010年批准的《长江三角洲地区区域规划》，长三角地区区域面积为21.07万平方千米。从20世纪90年代开始，长三角地区就是我国经济发展最好的区域，是国际公认的六大世界级城市群之一，目前更是以"亚太地区重要的国际门户、全球重要的现代服务业和先进制造业中心、具有较强竞争力的世界城市群"为发展目标。随着这一地区经济的发展，产业基础和交通条件日益完善，会展业的发展也在日益加快，特别是世博会的举办，更是为其带来了难得的发展机遇。

珠三角地区是珠江三角洲地区的简称，是指位于中国广东省珠江三角洲区域的9个地级市组成的经济圈，这九市一区是指广州市、深圳市、珠海市、佛山市、惠州市、肇庆市、江门市、中山市、东莞市和汕尾深汕区。珠江三角洲地区是中国改革开放的先行地区，是我国参与经济全球化的主体区域，是南方地区对外开放的门户，是我国人口集聚最多、创新能力最强、综合实力最强的三大区域之一，有"南海明珠"之称。2015年1月26日，世界银行发布的报告显示，珠江三角洲超越日本东京，成为世界人口和面积最大的城市带。由于会展业本身是一种无污染的产业，且对整个城市经济发展具有极大的带动和促进作用，作为改革开放前沿阵地的珠三角地区向来对会展业的发展极为重视，涌现出了诸多知名会展品牌，如国内最早的广交会、始于1996年的珠海航展，以及始于1999年的深圳高交会。珠三角会展的数量与规模最近十余年来均以每年20%以上的速度增长，目前已有会展企业2000多家，每年举办的各种会展达1000多个，发展势头迅猛。珠三角会展业不仅规模大、知名度高，而且成交额大。例如，每年两届的"中国进出口商品交易会"，成交额超过150亿美元，直接经济收入达60亿元。

　　长三角和珠三角会展业在近些年取得了如此之大的成就，并不完全取决于区域自身的特殊性，还在于长三角和珠三角在发展中存在一种具有一定普遍意义的经验和模式创新。虽然这两个区域均采用了战略合作与协同发展的运作模式，但是由于其地理位置、产业基础不同，面临着不同的市场环境和客户，在运作机制上存在一定的差异。因此，对两区域会展业的运作模式进行比较研究，有益于本书深度理解这一模式并增强其普适性。

　　用于研究区域会展战略合作与协同发展的资料和数据有三个方面的来源：一是对长三角和珠三角会展业相关协会的调研和深度访谈；二是第三方的行业分析报告；三是长三角和珠三角以及相关地区会展业发展规划文件等。

第二节　长三角和珠三角会展业协作动因比较

　　长三角和珠三角地区会展业近年来虽然取得了长足的进展，但这两个城市群在会展业的发展上依旧存在诸多亟待解决的问题，而这也正是长三角和珠三角地区推进会展业协同发展的动因。总体来看，长三角和珠三角地区会展业目前存在的问题主要体现在以下几个方面。

一 展会项目主题重复

长三角地区在过去较长的时间内，各城市在会展项目的主题定位等方面存在许多相互模仿的情况，从而导致不少展会无法取得好的经营业绩，对城市形象也造成一定的负面影响。以服装展为例，2011年长三角地区共举办了"2011上海国际时尚服饰展览会""2011南京服装博览会""2011春夏品牌服装服饰（苏州）博览会""2011中国（杭州）国际丝绸博览会暨中国国际女装展览会""第15届宁波国际服装服饰博览会""2011常州秋冬服装服饰博览会"等几十个展会。这些展会大多数都集中于三四月或者九十月举办，而且除了上海国际服装展和宁波国际服装展，多数展览会的知名度不高，影响力不足。[①]在各地重复办展的背景下，价格战自然成为主要手段，低价求售使本来高增值的服务业，变成了无利或微利产业，缺乏提高服务水平的"资本"，更不用说打造国际知名展会了。因此，长三角地区应淡化城市会展的观念，代之以区域会展的思维。

珠三角地区重复办展的现象同样屡见不鲜。在会展经济快速发展的大环境下，珠三角出现了许多会展经济发展势头强劲的新兴城市，如深圳、东莞、珠海、佛山等，冲击着广州这个老牌会展城市。然而，各城市之间协调性不够，导致过去重复办展问题突出。例如，2002年8月在广州、深圳、东莞、顺德同期举办了四个家具展，以广州为中心，4个城市的车程不足两小时，而展览面积的总和加起来才25万平方米，仅相当于意大利米兰家具展的展览面积，品牌效应大打折扣。[②]汽车展和服装展也存在类似的同质化主题现象，产品缺乏特点与创新，存在浮躁的市场氛围。在会展市场运作不健全的情况下，一些规模小的展览公司，为了追求短期经济利益，盲目办展，主题克隆，有的展会名为精品展，但实际上类似集

---

① 韩向辉、郑建瑜：《长江三角洲会展业联动存在的问题及对策分析》，《经济论坛》2010年第4期。
② 王春雷：《珠江三角洲和长江三角洲会展业发展比较研究》，《学术探索》2004年第7期。

贸市场，扰乱了会展市场的秩序。

二 展会资源分布不均匀

就长三角地区来说，在会展场馆的建设和利用方面，上海每年在展会旺季时场馆供不应求，上海新国际博览中心的平均利用率高达68%。而其他一些城市的场馆却有空闲，并且随着部分城市展览场馆的重复建设，这一问题更加明显。以江苏省为例，据统计，除了南京和苏州展览场馆的平均利用率高于30%，其他城市的主要展览场馆的年平均使用率仅为20%左右，闲置严重。这也说明了长三角地区会展合作的客观必要性。

珠三角地区的展览中心总体来看已经供过于求，且利用率不足30%，市场竞争无序。到2005年，广东省展览公司已有2000多家，专业展馆18个，场馆面积达100万平方米，在东莞的莞城、厚街、虎门方圆10多平方千米的地方就有6个超过1万平方米的展馆。据业内人士介绍，不少展馆每天一开馆仅电费就需要好几万元，每年维护费用高达上千万元。因此，没有一定规模和档次的展览会作保证，展馆只能成为一个美丽的空壳。经验证明，单一展馆利用率为60%—70%，才能发挥最佳的市场效益。展览场馆重复建设的后遗症已经在一些城市显露出来，个别没有太多展览资源的城市出现了场馆闲置现象。① 此外，珠三角地区还存在展馆建设软硬件设施发展不均衡的现象。虽然总体来看珠三角地区在场馆方面的建设标准不低，但场馆软件设施的建设与相邻的香港相比还存在相当大的差距。珠三角地区建造的展馆大部分九成是展区，仅一成是服务区，反观香港的展馆只有1/4是展区，余下部分全都作为服务区，其服务质量的差距有多大就可想而知。展馆建设的软硬件设施发展不均衡，影响了珠三角会展发展的速度与质量，妨碍了珠三角会展经济竞争力的提高。②

---

① 蔡荣军：《珠三角会展业的优劣势分析及发展对策》，《特区经济》2006年第2期。
② 康燕燕：《珠三角会展经济产业带的SWOT分析及策略选择》，《特区经济》2009年第3期。

三　展会协调机制不健全

长三角区域内的主要会展城市都已经成立了相关的会展管理机构和行业协会,但在实际运作过程中,仍存在很多问题。[①] 从管理层面上讲,很多城市都存在多头管理的现象。比如,宁波没有明确的会展管理部门,外经贸局、科技局、文化局、建委、工商等多部门都有相关职能,从而产生了多头管理、条块分割、职能不清等问题。同时,区域内的各省市行政界限比较明显,没有建立相应的合作机构和制度,这样很难发挥本区域在产业、项目、人才、资金等方面的综合优势。从行业协会角度来看,区域内已成立的会展行业协会虽然有一定的职能定位,但在实践中发挥的作用并不明确,大多数协会在协调、组织、教育等一系列工作方面做得还不是很到位,存在一定的欠缺。

珠三角地区行政区划层次较多,区域内各城市为了自身利益,从来不根据区域经济一体化的大局来正确定位城市的发展,从而导致城市之间的发展缺乏整体规划与协调。珠三角可以通过构建都市圈来突破"板块经济"的发展模式。珠三角迫切需要构建这样一个会展都市圈。在会展中心城市的带领下,区域内的其他会展城市均依据自身的产业优势打造特色品牌展会,逐步形成连接会展中心城市的发展轴,在会展中心与会展发展轴之间不断延伸会展产业链条,进而构建一个庞大且紧密的会展产业网络,最终形成资源共享、产业互补、信息互通的区域会展城市体系,以促进区域会展的分工协作、形成区域会展同盟。

总之,纵向来看,长三角和珠三角城市群发展进步明显,但是横向来看,与世界级城市群相比依旧存在很大差距。世界级城市群通常有着高效的统筹协调机制,如北美五大湖区城市群,由芝加哥市在2002年牵头成立了"五湖联盟",每年聚会一次,就产业竞

[①] 韩向辉、郑建瑜:《长江三角洲会展业联动存在的问题及对策分析》,《经济论坛》2010年第4期。

争、污染治理、气候应对等重大问题协调各方利益,确保实现共赢。分工明确的产业协作体系,发挥了城市间的互补性。此外,还有信息不对称、理论研究滞后等各方面的问题,均已成为阻碍长三角和珠三角会展业进一步良性合作发展的因素。

第三节 长三角和珠三角会展业协作要素比较

长三角地区与珠三角地区作为中国经济发展的"双引擎",是最具经济发展活力的两个经济区域,拥有良好的经济发展基础,而且各城市充分认识到会展业对城市及区域发展所起的作用,纷纷将会展业列为重点扶持的行业。为了克服目前区域协作中存在的各种问题,长三角地区与珠三角地区从空间布局、产业协同、资源共享和公共服务四个层面开展了多种类型的协同发展实践探索,并取得了积极成效。长三角地区与珠三角地区在会展业协同发展方面所取得的宝贵经验给京津冀地区会展业的协同发展提供了有益的借鉴。

一 空间布局的协作

(一)长三角地区

长江三角洲作为中国经济、科技、文化最发达的地区,正以其雄厚的经济基础和发达的产业,推动着区域会展经济的飞速发展。经过长时间的实践和探索,各会展城市的展会定位已经逐步明确,如宁波、温州定位于制造业展会,杭州定位于休闲、会议、旅游三位一体的定位,苏州定位于外贸、外资类的展会等。[①] 长三角地区会展业空间布局方面的协同发展,主要表现在以下三个方面。

1. 主要会展城市的定位逐步明确。长三角区域各城市主要依托

---

① 康燕燕:《珠三角会展经济产业带的SWOT分析及策略选择》,《特区经济》2009年第3期。

其产业背景和资源特色发展会展业,在保持竞争的基础上,不断进行联动合作。从表4-1中可以看出,上海、杭州、苏州、南京等城市有了比较明确的发展定位和方向,并以此为基础,打造了一批在国内外具有一定知名度的会展品牌项目,同时加大了专业会展场馆的建设力度。

表4-1　　　　长三角主要会展城市的定位及基本情况

城市	定位	基本情况
上海	亚洲会展之都	拥有10大展馆,打造了华交会、上海工博会、跨国采购大会等品牌展会。定位基础在于城市规模、国际化程度、经济实力、产业优势以及国际大型会展经验
杭州	会展旅游名城	拥有和平国际会展中心、世贸展览中心等6大展馆,以西博会、休博会两大展会为引领。定位基础在于国际知名度、文化产业发达、环境优美、旅游资源丰富
苏州	会展旅游名城	拥有5个会展中心和电博会等展会项目。定位基础在于国际知名度、文化产业发达、环境优美、旅游资源丰富
南京	国内综合会展城市	拥有南京国际展览中心等展馆和亚洲户外用品展、软博会等展会。定位基础在于历史底蕴、城市规模、经济实力、交通、产业支撑
宁波	国内综合会展城市	拥有宁波国际会展中心等13家展馆,设有中国国际服装节等展会品牌。定位基础在于城市规模、经济实力、交通便利、产业支撑
义乌	特色会展城市	拥有义乌国际博览中心等3大展馆,拥有义博会、文博会、旅游商品博览会、森博会四大国家级展会品牌。定位基础在于特色产业、市场支撑
温州	特色会展城市	拥有温州市展览馆和国际会展中心,设有中国国际轻工产品博览会等展会。定位基础在于经济特色、市场支撑
无锡	会展旅游城市	建有太湖国际博览中心和无锡体育会展中心等4大展馆,开办了太湖博览会。定位基础在于旅游资源、市场支撑

资料来源:孙琴:《世博契机下长三角区域会展业一体化发展研究》,硕士学位论文,上海师范大学,2008年;盛蕾:《错位竞争下的长三角区域会展业联动发展策略分析》,《商情》2012年第43期。

2. "十二五"期间的会展城市定位进一步优化。长三角区域内的各城市,特别是主要会展城市,"十二五"期间在原有城市定位的基础上,进一步明确了未来一段时期的发展目标和重点,具体内容如表4-2所示。

表4-2 长三角主要会展城市"十二五"期间的定位和发展重点一览

会展城市	定位	发展重点
上海	国际会展中心城市	着重于5万平方米以上的展览项目,举办有较大影响的国际性会议,培育有重要影响的节庆活动
杭州	国内会展中心城市	打造和引进国内外的品牌展会,举办大型国际会议,培育旅游节庆文化活动
苏州	长三角区域会展中心城市	形成具有国内外影响的国内外会议展览品牌,着重发展商务会展,打造奖励旅游目的地
南京	国内会展中心城市	打造全国性的自主展会品牌,争取UFI认证
宁波	长三角南翼会展中心城市	打造具有一定国内外影响的展会
义乌	国内会展名城	打造全国性的国际展会品牌,形成"集团军"
温州	长三角区域会展中心城市	以轻工行业的专业展览为主
无锡	商务会展之都	着重于6000平方米以上和符合无锡产业发展方向的专业贸易性的展会,举办与无锡产业发展相关的国际会议
扬州	长三角北翼会展中心城市	培育具有国内外影响的节庆活动

资料来源:盛蕾:《错位竞争下的长三角区域会展业联动发展策略分析》,《商情》2012年第43期。

3. 形成梯队式会展场馆布局体系。长三角区域各城市充分考虑自身在整个长三角中的级别和地位,结合本地会展业发展的实际情况和重点,明确各自会展场馆的市场定位,实施场馆分工,在区域范围内形成了错位竞争的梯队式会展场馆布局体系。第一梯队为上海的会展场馆。作为长三角区域会展业发展的核心，上海每年的展览众多，展览面积逐年增长，加上会展配套设施比较健全，重点发展的是适合举办大型国际会展活动的场馆。目前，上海最新建成并投入使用的国家会展中心（上海），总建筑面积 147 万平方米，地上建筑面积 127 万平方米，是目前世界上面积最大的建筑单体和会展综合体。该会展中心位于上海市虹桥商务区核心区西部，与虹桥交通枢纽的直线距离仅 1.5 千米，通过地铁与虹桥高铁站、虹桥机场紧密相连，周边高速公路网络四通八达，2 小时内可到达长三角各重要城市，交通十分便利。第二梯队为南京、杭州、苏州、宁波等二线城市的会展场馆。这些城市的重点在于充分发挥现有场馆资源的效能，积极完善相关的配套服务设施，加强对周边环境的整治，提升了服务能力，增强了对会展活动客商的吸引力。其余城市为第三梯队，应结合自身会展业的发展现状，利用区域内其他城市已有的场馆举办相关活动。比如，苏州在金鸡湖畔建设的国际博览中心是全国第二大展览中心，将重点举办 IT、机电、高新技术产品类展会。

（二）珠三角地区

珠三角地区的会展业在空间布局上已经基本形成了中心会展城市和特色会展城市相互呼应的协同发展格局，具体表现在以下几方面。[①]

1. 广州、深圳和珠海的中心地位。会展都市圈的中心城市应选择带动效应强，辐射范围广，会展综合实力雄厚，并能与国际接轨的城市。从珠三角目前的实际发展情况来看，广州、深圳和珠海承担了珠三角会展中心城市的重任。广州作为华南地区的政治、经济、文化中心，是国内会展业发展最早、会展经济最活跃的城市之一。以广交会为龙头，广州培育和带动了一大批国内外知名展会。

---

① 部分内容参考了刘宛洁、雷蕾的《珠三角会展都市圈构建分析》，《价格月刊》2010 年第 1 期。

随着2008年年底《珠江三角洲地区改革发展规划纲要（2008—2020）》的出台，广州、佛山同城化的构想已逐渐成为现实，广州充分发挥了对佛山的带动作用，规模效应渐显。深圳作为一个新兴工业城市，许多产业像珠宝、钟表、女装、手机等，在全国独占鳌头，同时深圳占据天时地利的交通、港口和毗邻香港的国际市场优势，贸易型展会、产业链展会等均有很大发展前景。据深圳会展中心统计，2014年深圳全年举办展会96个，总展出面积275万平方米，全市科技类、专业类展会占到全部展会的80%，在全国一线城市中名列前茅。深圳消费类展会近5年来的后发优势明显，展会增长迅速，已经从会展中心逐步发散到宝安、龙岗、南山各大区域的体育中心及会展场馆。2014年，深圳以产业、科技为主力的展览会中有50%的展会保持了增长。与广州和深圳相比，珠海的会展品牌相对较少，而且展馆场地有限。但是，珠海环境优美、旅游资源丰富，并且拥有餐饮住宿服务方面的优势，非常适合会展业与旅游文化产业的联动发展。更重要的是，珠海毗邻澳门，澳门拥有丰富的旅游文化资源，且会展配套及相关设施十分完备，同时有发达的博彩旅游业作为产业支撑。

2. 东莞、惠州和中山等的特色定位。珠三角会展都市圈的布局和构建，仅靠三个会展中心城市远远不够，珠三角会展中心城市之间还有许多特色会展点（城市）来连接。特色会展点（城市）的形成，不仅能够加强会展中心城市间的交流与合作，更能发挥会展中心城市对特色会展城市的辐射和带动作用。

近年来，东莞逐步形成了大朗毛织、虎门服装、厚街家具等一批具有相当规模和较强竞争能力的本地特色产业群，并根据自身的产业特色成功打造了虎门服装博览会、国际名家具（东莞）展览会等展会项目，向着"华南工业会展之都"迈进。惠州也具备发展特色会展的产业基础，惠州电子工业在国内占据一席之地，其举办的惠州国际数码节在行业内极具号召力。此外，惠州的石化工业在全世界举足轻重，加上已经形成产业规模的惠东女鞋，使惠州具备了举办相关大型会展的号召力。在广佛和深港这两个会展中心的辐射和带动下，东莞和惠州凭借其雄厚的产业基础和以往举办特色会展的丰富经验，成功打造了珠三角东岸地区的会展产业带。中山近年来成功举办了一系列国内、国际性的展览会，被称为广东会展业的"后起之秀"。中国腊味食品名镇——黄圃镇以食品产业优势享誉国内，而古镇更被称为"中国灯饰之都"。正是依托产业集群发展优势，中山等城市的特色会展经济才有今天的成绩。可以看出，珠三角会展特色城市的定位大多是基于当地独有的产业基础。

3. 珠三角会展业空间布局的演化。珠三角会展业空间布局的形成不是一蹴而就的，是在市场需求、产业集群以及政府政策等软硬环境的发展变化中逐渐清晰和明朗的。珠三角地区拥有 80 多个专业镇，大部分都缺少规范的专业市场，企业规模小，商品分类杂乱，给前来采购产品的客商带来许多不便。尤其是外商采购，在产品报关手续、翻译、银行、物流、包装、质检、交通等方面的服务都难以得到保障，需要搭建一个贸易平台为专业镇实现品牌推广和产品销售。[①] 会展业作为一种平台产业，不仅能带来国外先进的技术，提升制造业水平，而且能推动企业走向国际市场，充分融入国际商品供应链。例如，广州国际照明展为国内外照明企业搭建了一个信息共享的平台，该展会 2011 年展览面积为 20 万平方米，参展商达到 2600 多家，其中产值过亿元的参展企业近千家，包括不少世界 500 强企业。通过展会平台，一方面帮助国内企业进行国际的交流与合作，另一方面让国际企业参与进来，以合作、合资等多种方式参与到国内市场，推动国内企业技术更新。专业镇产品销售等对会展的需求培育了珠三角会展业市场，并逐步演化成当前的空间布局。

二 产业协同的运作

会展经济的发展需要具备一定的条件，除了展馆及配套服务设

---

① 方忠权、王章郡、刘莉：《珠江三角洲会展企业空间格局变动》，《中国人口·资源与环境》2013 年第 7 期。

施等环境条件，还要具有产业基础。

（一）长三角的产业协同

长三角地区是国内城市群中产业协同发展的典范，不仅各城市形成了比较清晰的发展定位，而且真正实现了优势互补、错位发展。

1. 区域内产业分工明确。2009年国家发改委公布的《长江三角洲地区区域规划》中，对长三角区域内产业的未来发展方向做出了重点说明，明确了上海、杭州等主要城市以及苏北和浙西南地区的产业发展定位。根据规划，上海、杭州、南京、苏州、宁波、无锡、苏北和浙西南地区的区域产业发展定位是：上海将重点发展金融、航运等服务业，成为服务全国、面向国际的现代服务业中心；杭州重点发展文化创意、旅游休闲、电子商务等服务业，成为长三角地区南翼的现代服务业中心；苏州重点发展现代物流、科技服务、商务会展、旅游休闲等服务业；南京重点发展现代物流、科技、文化旅游等服务业，成为长三角地区北翼的现代服务业中心；宁波重点发展现代物流、商务会展等服务业；无锡重点发展创意设计、服务外包等服务业；苏北和浙西南地区的主要城市在改造提升传统服务业的基础上，加快建设各具特色的现代服务业集聚区。

上海与长三角区域内其他主要省份城市在产业分工方面形成了互补发展的局面，这不仅有助于各地经济发展，而且对长三角一体化发展进程的加快，进而带动相关产业在区域内以及区域外的转型升级都具有深远意义。通过传统产业的转型升级与新兴产业的培育发展，长三角区域内的产业细化，不仅对长三角周边地区的产业发展有着积极的带动作用，而且对产业的深层影响也将逐渐辐射到全国范围。

2. 产业错位发展。以台资企业在长三角地区的发展为例，目前到长江三角洲投资的上万家台资企业已经形成良性的产业分工格局，在上海和周边地区呈现出"错位发展"的趋势。总体来看，台资制造业主要往昆山、苏州和无锡等地区群聚发展，商业、服务业则往上海发展。相关研究报告指出，随着上海向国际性经济、金融、贸易、航运中心目标的迈进，台商登陆上海的热点正转向高科技产业、金融、咨询以及仓储、航运和商业零售业。沿沪宁高速公路西行，昆山出口加工区、苏州工业园区和苏州新区里却是另一番景象：台商新建的高科技厂房林立，工人们正在生产着从印刷电路板、鼠标器到数码相机、液晶显示屏、笔记本电脑的一系列电子产品。而在苏州长江沿岸的太仓、常熟、张家港，则集中了以冶金、建材、纺织品等传统制造业为主的众多台资企业。而且，随着台资企业的增多，苏州的电子产业配套环境越来越完善，对台商形成了新的吸引力。有关专家曾经指出，就像香港之于珠三角一样，上海作为长江三角洲经济、服务中心的地位在迅速提升，向周边台资企业提供产前、产中、产后的全方位服务。而苏州、昆山及浙江北部具有发展工业的比较优势，会吸引更多劳动密集型产业的台商。在竞相吸引台湾高科技厂商投资的过程中，上海和周边的昆山、苏州、吴江等地政府也逐渐达成了"错位发展，形成特色"的共识。实际上，台商投资长三角出现的这种错位发展趋势，是长江三角洲产业布局协同发展的一个缩影。

（二）珠三角地区的产业协同

长三角地区主要以城市为单元来协同不同城市的定位，但是珠三角地区的产业协同主要表现在以乡镇为单元的产业集群的发展。珠三角地区会展业的发展与该地区的产业集群紧密相关。除此之外，为了更好地服务于这些产业集群，珠三角地区会展业内部不同环节之间也形成了较为健康的协同发展模式，并在促进产业集群发展中发挥了积极作用。

1. 产业集群与展会基础。珠三角经济带已成为世界最大的生产制造业基地之一，发达的产业有玩具、建材、家用电器、钟表、纺织服装、石油化工、食品制造、电子通信、信息产业、医药制品和高新技术产业等。在产业发展的基础上各种相关会展（机械、化工、汽车、IT、制药、环保等主题）应运而生，有力地推动了珠三角会展业的发展。珠三角经济区是世界上最密集的城镇群，崛起了100多个支柱产业突出、产业定位明确、以"一镇一品"产业集群模式为特色的专业镇，占珠三角地区 400 多个建制镇的 1/4。从事同一产业的数十、数百乃至上千家企业以及相关服务机构在同一区域集聚，资源、技术、信息相对集中，形成了从设计、生产、制造、销售到售后服务的完整产业链，并通过珠三角将产品扩散到世界市场。珠三角繁荣的会展业就是在这样的基础上应运而生的，各具特色的庞大产业集群是珠三角会展业蓬勃发展的活力之源。正是依托各具特色的产业集群，珠三角各市的专业展会得到飞速发展（见表 4-3），从而推动了会展企业的成长与集聚，改变了珠三角会展业的空间分布格局。

表 4-3　　　　　　珠三角部分展会与依托的产业集群

城市	展会名称	产业集群
广州	中国（广州）国际汽车展览会 广州国际鞋类、皮革及工业设备展览会	广州市花都区汽车产业集群 广州花都狮岭皮具产业集群
深圳	中国（深圳）国际钟表珠宝礼品展览会	深圳市罗湖区黄金珠宝产业集群
东莞	东莞国际名家家具展览会 东莞电脑咨询产品博览会 中国（长安）国际五金机械磨具展览会 中国（虎门）国际服装交易会 中国东莞国际鞋展鞋机展	东莞大岭山家具产业集群 东莞市石龙镇电子信息产业集群 东莞长安五金磨具产业集群 东莞市大朗镇毛织产业集群 东莞虎门服装产业集群/厚街鞋业集群
佛山	中国（佛山）国际陶瓷及卫浴博览交易会 中国（佛山）国际金属工业博览会 中国顺德国际家用电器博览会	佛山市禅城区陶瓷产业集群 佛山市大沥镇有色金属产业集群 佛山市顺德区家电产业集群
江门	中国（江门）摩托车工业博览会 中国（新会）不锈钢制品展销会	江门市摩托车产业集群 新会五金不锈钢制品产业集群
中山	中国·古镇国际灯饰博览会暨 LED 应用展 中国小家电交易会暨小家电配件采购会 中国国际食品工业经贸洽谈会 中国休闲服装博览会 中国（中山·小榄）轻工机械展	中山市古镇灯饰产业集群 中山东凤小家电产业集群 中山黄圃食品加工产业集群 中山沙溪休闲服装产业集群 中山小榄镇五金制品产业集群

资料来源：方忠权、王章郡、刘莉：《珠江三角洲会展企业空间格局变动》，《中国人口·资源与环境》2013 年第 7 期。

2. 会展产业链。会展活动属于第三产业，跟其他服务行业一样，会展业一般可以分为上游、中游和下游三个基本部分。上游指会展项目开发、策划；中游指为会展活动提供场馆、设施、服务的企业组织；但凡能直接或间接为会展活动主办单位、参与方和观众提供服务的部门，都可以包含在下游的范围。[①] 会展市场的上游、中游、下游形成了会展产业链的纵向市场关系，上游的会展策划、宣传和组织依赖于中、下游的场馆规模、服务水平和管理能力，三者之间的资源和活动存在极强的互补性。珠三角目前已经初步形成功能比较完善的会展产业链，并通过这种链式经济体系有效带动了周边信息流、资金流、物流的发展。具体来说，珠三角会展业对相关产业的带动作用集中体现在三个方面：一是促进了市场的开拓，拉动了工业的持续增长，推动了更大规模的产业集聚，形成了工贸相互融合、互为促进的良好发展格局，如中山沙溪休闲服、古镇灯饰、东莞太平的服装、厚街的家具、大朗的毛纺品等。二是促进了相关产业的发展，培育了新的经济增长点，在拉动工业发展的同时，带动了交通、通信、旅游、酒店、餐饮、零售、广告、印刷、装饰等行业的发展。三是促进了经济协作的开展，加快了区域经济的协调发展。

与长三角和珠三角地区所存在的产业协同集聚现象相比，京津冀地区则尚未出现制造业和服务业的协同集聚现象。长三角与珠三角地区服务业和制造业的协同集聚，促进了各自产业的集聚和升级，这对于京津冀地区的产业发展战略具有重要的启示。

三 资源共享的协作

资源共享的协作表现为交通、旅游、人力等资源在长三角和珠三角城市圈内无障碍的流动以及战略性的合作和共享。

（一）长三角地区

近年来随着《长江三角洲地区区域规划》获批、上海自贸区建设、长江经济带发展提速、交通便利化等有利因素的推动，长三角区域内各种市场要素加速流动，推动着长三角城市群建设向世界级

[①] 庞华、黎沛权：《珠三角会展产业链研究》，《上海应用技术学院学报》（自然科学版）2009 年第 1 期。

迈进。以交通为例，2014年年底，长三角地区采用住建部第二代CPU技术标准交通卡（紫色卡）的互联互通城市扩大至16个，这意味着手持上海紫色交通卡的市民，可以无障碍使用在长三角16个城市的公交、出租等交通工具。此外，长三角区域内高铁网络日渐完善，长三角城市群间已经形成了1小时到2小时的快速交通圈，长三角城市群之间人流的密集流动，已成为一种新常态。

在会展资源共享方面，长三角区域各城市打破地域界限，采用"走出去，请进来"的方式，加强了区域内会展业的合作。

首先，随着上海会展业的迅速发展，长三角地区其他城市采用多种形式积极融合。例如，2010年10月，上海、杭州、绍兴三地联合举办大型房地产展示会，这在长三角地区尚属首次；再如，宁波国际会展中心有限管理公司就是由上海国际展览中心有限公司、上海国际展览有限公司和宁波新上海国际物业管理有限公司共同出资成立的，这在一定程度上为宁波国际会展中心输入了管理资源。

其次，区域内主要会展城市，利用各种资源，开展合作发展。例如，2009年嘉兴市与杭州市共同签署了《关于建立会展行业长期合作关系的备忘录》，基于双方良好的合作基础和较强的互补性，两市将进一步加强在会展业方面的合作与交流。

最后，长三角地区加强区域内各城市高校会展管理专业和科研单位之间的合作，及时沟通信息，推出统一认证的会展证书项目，促进人才在区域内的流动。例如，目前杭州市人事局人才培训考试中心就开设了"现代会展管理"的初级和中级岗位能力培训考试项目，并列入长三角紧缺人才培训范围，在上海、杭州、南京、宁波、苏州、常州6城市实行统一标准、统一教材、统一考试，证书互认。

（二）珠三角地区

珠三角地区同样通过推进旅游服务一体化建设，提升公共资源的共享。2014年《珠江三角洲地区旅游一体化规划（2014—2020年）》以广州、深圳、珠海、佛山、东莞、中山、惠州、江门和肇庆九市为主体，辐射相关地区，并将与港澳合作愿景内容纳入规划。该规划分为三个阶段，近期是 2014—2015 年，中期是 2016—2017 年，远期是 2018—2020 年。规划着力构建珠三角旅游一体化区域合作体系，促进珠三角旅游要素流通和资源优化配置，加快推进珠三角旅游一体化。到 2015 年年底，珠三角旅游一体化初见成效。珠三角各市旅游合作进一步提升，重点区域旅游开发合作有序推进；旅游市场营销一体化逐步深入；推进广州智慧旅游城市示范市建设，建立珠三角旅游信息平台；建成广州、深圳、珠海一级旅游集散中心；旅游公共服务体系进一步完善。到 2017 年年底，珠三角旅游一体化基本成型。珠三角各市旅游合作全面提升，重点区域旅游开发合作初见成效；旅游市场营销一体化体系基本形成；建成广州、深圳、珠海智慧旅游城市，形成珠三角旅游共享信息平台；多层次旅游集散体系基本建成；旅游公共服务体系基本完善。到 2020 年年底，珠三角旅游一体化深度发展。珠三角实现旅游要素无障碍流动，建成旅游集散网络体系，旅游公共服务体系全面完善，建成珠三角智慧旅游城市群。

此外，同样是 2014 年提出的《珠江三角洲地区改革发展规划纲要（2008—2020 年）》旨在推进珠三角科技创新一体化进程，促进区域科技资源共享开放行动，具体做法有共建科技创新平台、推动科技资源共享开放、联合构建人才高地行动、协同推进高端创新人才的引进培养、加强区域创新人才的交流与合作。

四　公共服务的协作

相对于常规的制造业和商贸服务业而言，会展业作为一种人流、物流、信息流高度集聚的高端服务业，更需要政府提供基础设施建设、交通、安全等方面的公共服务。长三角和珠三角地区会展业的协同发展需要探讨两个区域内各地政府高效率的公共服务协作机制。

（一）长三角地区

公共服务主要是由政府和行业组织提供的，会展业的公共服务首先需要从政府的宏观层面达成协同发展的共识，从而为会展业的公共服务协同搭建一个基础性的框架，其次是会展业内部的政府主管部门以及行业组织需要建立协同服务的理念和措施。

1. 长三角地区公共服务的宏观协同。长三角地区的协同发展由来已久，协同发展的内容与形式也与时俱进，不断创新。作为统筹谋划长三角一体化发展的最高级别的会议——长三角地区主要领导座谈会，截至2014年已经成功召开了10次，每次会议都达成了很多共识。其中，具有标志性的合作主要有四次：一是2005年。作为"十五"规划与"十一五"规划承上启下的年份，当年的会议提出"十一五"期间应着重加强以下三个方面的合作：（1）加强科技合作，联动提升区域自主创新能力；（2）加强产业分工与协作，联动推进结构调整；（3）加强体制机制创新，联动推进改革开放。二是2008年。当时正值国际金融危机，当年的座谈会提出，联手应对挑战，进一步增强区域发展的抗风险能力、可持续发展能力和国际竞争力，确保经济平稳较快发展。三是2010年。当年是"十一五"规划的收官之年，也是《长江三角洲地区区域规划》出台之年，当年的座谈会要求，三省一市在研究制定"十二五"规划中，按区域规划确定的长三角地区"亚太地区重要的国际门户、全球重要的现代服务业和先进制造业中心、具有较强国际竞争力的世界级城市群"的功能定位，做好相关规划的调整衔接，加强重大基础设施建设、产业布局、城镇体系建设等的对接。四是2014年。当年的会议强调，要积极参与"一带一路"和长江经济带国家战略，在新起点上推进长三角协同发展，提升开放型经济水平。[①] 各次会议的召开地点、主题以及达成的共识参见表4-4。

表4-4　　　　长三角地区三省一市主要领导座谈会概要

年份	地点	会议主题与达成的共识
2005	杭州	"十一五"期间应着重在以下几个方面加强合作：加强科技合作，联动提升区域自主创新能力；加强产业分工与协作，联动推进结构调整；加强体制机制创新，联动推进改革开放

---

① 具体参阅徐益平《揭秘长三角最重量级会议：习近平提议设立，决策区域联动发展》，澎湃新闻（https://www.thepaper.cn/newsDetail_forward_1282761）。

续表

年份	地点	会议主题与达成的共识
2006	扬州	推进区域经济一体化,促进和谐长三角建设,是三省一市共同的目标。长三角区域发展规划的制定与实施,使区域合作与交流面临着新的重大机遇。要以科学发展观为指导,以实施长三角区域发展规划为契机,在新的起点上,开创区域合作的新局面,构筑长三角发展的新优势
2007	上海	围绕在新的历史起点上推动长三角地区率先发展、科学发展进行了深入探讨,并对进一步完善与提升区域协调机制,推进长三角的合作向全方位、深层次发展,打造辐射作用更大的世界级城市群,充分发挥长三角作为经济增长极和发动机的重要作用提出了新要求
2008	宁波	联手应对挑战,进一步增强区域发展的抗风险能力、可持续发展能力和国际竞争力,确保经济平稳较快发展
2009	苏州	2010年上海世博会是推进长三角地区经济社会发展的重要契机,保证世博会成功召开是当时长三角地区共同的责任和使命。长三角各省市在联手推进世博会场馆等设施建设的同时,要切实做好世博会的各项保障和服务工作,确保世博会圆满成功。要充分利用世博会的影响,最大限度地发挥各方的积极性和优势,大力推动区域内会展、酒店、文化、旅游、建材等产业的发展,共享世博机遇。会议讨论通过了《共同推进长三角地区一体化发展若干重要事项》
2010	上海	三省一市在研究制定"十二五"规划中,要按区域规划确定的长三角地区"亚太地区重要的国际门户、全球重要的现代服务业和先进制造业中心、具有较强国际竞争力的世界级城市群"的功能定位,做好相关规划的调整衔接,加强重大基础设施建设、产业布局、城镇体系建设等的对接
2011	合肥	会议主题:加快转型发展、推动产业转移 会议共识:会议充分肯定了长三角地区合作与发展取得的成效,对深化推进合作发展工作提出了新的目标和任务要求,并原则同意《长三角合作与发展共同促进基金管理办法(试行)》在2012年基金正式设立后试行,探索建立新型的管理体制和运行机制,更好地促进长三角地区的合作与发展
2012	杭州	会议主题:联动实施国家战略、共同推进创新发展 会议共识:认真贯彻国务院《长江三角洲地区区域规划》等国家战略部署,坚持大胆探索、先行先试,切实加强三省一市实施国家战略举措的相互对接和联动融合,协同推进重点区域发展、重要产业布局、重大项目建设,加快形成陆海联动、城市带动、产业互动的区域发展新格局,推动长三角地区在国家战略引领下创造新优势、取得新发展、实现新跨越。坚持以上海为龙头,加快沿海沿江开发,大力发展海洋经济,拓展区域发展空间

续表

年份	地点	会议主题与达成的共识
2013	南京	会议主题：加快转型升级，共同打造长三角经济"升级版" 会议共识：要以中国（上海）自由贸易试验区建设为契机，推进长三角"大通关"建设，坚持"走出去"和"引进来"相结合，全面增强国际竞争力，加快培育长三角地区参与和引领国际经济合作竞争的新优势
2014	上海	会议主题：积极参与"一带一路"和长江经济带国家战略，在新起点推进长三角协同发展 会议共识：积极参与"一带一路"和长江经济带国家战略，提升开放型经济水平；落实国家新型城镇化规划，推进世界级城市群建设，加强基础设施互联互通，推进公共服务便利化，深化完善城市群布局。以上海为中心，以南京、杭州、合肥为副中心，加强区域铁路、水路、公路、航空等交通规划对接和项目建设，形成"多三角、放射状"大交通联动发展格局；坚持绿色循环低碳发展，共建长三角地区生态文明

资料来源：根据网络新闻资料整理。

除此之外，上海、江苏、浙江和安徽商务主管部门 2014 年 12 月 11 日在上海签署合作协议，要发挥上海自贸区的溢出效应，加强区域合作，着力打破地区封锁和行业垄断，共建长三角区域一体化大市场，进一步激发区域市场活力和经济增长动力，打造具有国际竞争力的长三角世界级城市群。在规则体系共建方面，三省一市将率先推进实施市场流通领域的国家、行业和地方标准，继续清理市场经济活动中含有地区封锁内容、妨碍公平竞争的规定及各类优惠政策，促进规则透明、竞争有序。在市场监管共治方面，推动三省一市监管互认、执法互助，形成权责一致、运转高效的区域市场综合监管体系。加强互联网领域打击侵权假冒的工作，推广"科技＋制度＋保护＋诚信"的治理模式，建立权利人沟通机制和推行网上交易可疑报告制度。在流通设施互联互通方面，健全长三角区域基础设施网络，完善长三角综合运输通道和区际交通骨干网络，形成互联式、一体化的交通网络体系。统筹规划，建设和改造一批商业设施、农产品流通设施、物流设施、社区基本生活服务网点等流通基础设施,保障和服务民生。

2. 会展领域的公共服务协同。事实上,长三角区域公共服务的协作始于 2003 年,当年签署的《长江三角洲旅游城市合作(杭州)宣言》确定了把长江三角洲旅游区建立成中国首个跨省市的"无障碍旅游区",并使之成为世界级旅游目的地的发展目标。这一宣言的发布,从交通、服务接待等方面为长三角会展业的联动奠定了良好的基础。

除此之外,由上海、南京、杭州、合肥、南昌、宁波六大城市的政府相关部门共同发起,并于 2006 年 12 月 18 日成立的长三角城市会展联盟(以下简称联盟)近年来在推动长三角地区会展业协同发展方面也发挥了积极作用。目前,该组织已有 24 个城市加入,是目前我国最大的区域会展经济协调组织。该联盟成立以来,结合各个城市的实际情况,采取了"举办各类会展活动,促进城市互动交流"的工作思路,积极配合政府及行业协会推动产业政策、行业标准、评估认证等各项工作的开展,并依托自己的专家库和信息库发挥了重要的理论研究与分析功能,为长三角地区会展业的协调发展做出了有益的尝试。该联盟的城市成员及企业会员情况参见表 4-5。

表 4-5　长三角城市会展联盟城市成员及部分企业会员名单

类别		成员
城市成员	理事长单位	上海市会展行业协会
	副理事长单位	南京市会展业办公室、杭州市会议展览业协会、合肥市会展经济发展工作领导小组办公室、南昌市会展工作管理办公室、宁波市会展业促进会
	常务理事单位	苏州文化博览中心、中国贸促会常州市支会、中国贸促会盐城市支会、中国贸促会泰州市支会、温州市会展业协会、嘉兴国际会展中心、绍兴县会展办公室、中国贸促会台州市支会、中国贸促会舟山市支会、义乌市会展业办公室、中国贸促会衢州市支会、中国贸促会芜湖市支会、中国贸促会马鞍山市支会、中国贸促会亳州市支会、中国贸促会海口市支会

续表

类别		成员
部分企业会员	常务理事单位	上海世博集团、上海科技会展有限公司、上海国际展览中心有限公司、中国国际采购中心、上海跨国采购中心五角世贸商城、温州志达展示装备有限公司、南昌新世纪会展中心有限公司、杭州和平国际会展中心有限公司、杭州佳德展览服务有限公司、浙江中博展览有限公司、宁波江东前程展览有限公司、宁波华博会议展览有限公司、宁波雅卓展览服务有限公司、宁波住宅产品市场开发有限公司
	理事单位	常熟国际展览中心、上海浦东展览馆、上海工业商务展览有限公司、上海九舟展具租赁有限公司、杭州西湖国际博览有限公司、浙江省文化艺术发展有限公司、浙江大学城市学院会展研究与服务中心、南京联筑展览工程有限公司

资料来源：根据网络资料整理。

（二）珠三角地区

珠三角地区会展业公共服务的协作目前主要由珠三角会展城市联盟来推动。

珠三角会展城市联盟于2011年8月25日在广州成立，来自广州等珠三角9个城市以及香港、澳门特别行政区会展业界的200多位代表出席成立大会。该联盟的成立标志着珠三角会展城市整体的合作机制已逐渐形成。该联盟的成员有香港展览会议业协会、澳门展贸协会、澳门会议展览业协会、澳门广告商会、广州市会展业行业协会、深圳市会议展览业协会、东莞市会议展览业协会、珠海市会议展览业协会、珠海市会展旅游业协会、佛山市会议展览业协会、佛山市顺德区会议展览业协会、中山市会议展览行业协会、中山市黄圃国际会展中心、惠州市会展行业协会、惠州市经济和信息化局、江门市会议展览业协会、肇庆市经济和信息化局等众多机构。

珠三角会展城市联盟旨在利用珠三角的产业基础、会展设施、会展资源等方面的优势,融合港澳地区在会展营销网络、资金、人才和管理经验上的优势,形成珠三角城市群会展优势互补的市场结构,促进珠三角城市会展业的发展。在该联盟成立大会上签订的《珠三角城市会展合作联盟》文件,提出了召开珠三角城市会展协会会长联席会议等举措,旨在建立珠三角城市会展业界的交流合作机制。该联盟成立以来,组织开展了一系列交流合作活动,对提升珠三角地区会展业的公共服务发挥了积极作用。这主要表现在以下几方面。

1. 作为中国加工贸易产品博览会(以下简称加博会)的配套活动,2014年珠三角城市会展联盟合作交流会由东莞会议展览业协会成功组织举办,本次会议的主题是"会展助推产业升级"。该会议取得的成果有:一是联合港澳、珠三角城市会展业界精英,增强联盟凝聚力;二是实现区域资源共享,探讨加工贸易转型下会展所起的助推作用;三是衔接珠三角城市会展"黄金走廊",探讨了拓宽珠三角城市会展合作的思路。

2. 2014年12月5日,香港、澳门、珠三角城市会展业协会会长联席会议在惠州会展中心举行。在这次会议上,华南理工大学经济与贸易学院与香港、澳门、珠三角城市会展联盟签订了四方战略合作协议。战略合作的重点内容是会展经济、会展物流、会展电子商务、场馆管理以及会展项目策划与管理等方面的理论研究与技术服务。

3. 2015年1月16日举办的港澳、珠三角城市会展联盟会长联席会议暨泛珠三角城市合作发展研讨会在广州云来斯堡酒店成功召开。会议审议通过了《泛珠三角城市会展联盟合作宣言》以及《关于泛珠三角城市会展联盟合作框架协议》。会议倡议在适当的时候召开"泛珠三角城市会展联盟"成立大会,正式签订《泛珠三角城市会展联盟合作协议》。此外,本次会议还见证了港澳、珠三角城市会展联盟执行主席的交接仪式,东莞会议展览业协会和澳门展贸协会的代表进行了执行主席的交接。

第四节 会展业协同发展的绩效与案例启示

区域会展业的协同发展绝不意味着平均发展，根本目的在于站在全区域的视角优化资源配置，通过区域内部的合理布局，既能培育优势区域和优势展会，又能实现全区域的协同发展。从长三角和珠三角近年来协同发展的效果来看，在优势区域、优势展会培育以及区域城市间协同发展方面均取得了较好的成效。

一 长三角和珠三角地区会展业的协作绩效

在以战略布局和协同发展为思想指导的会展实践中，长三角和珠三角城市群（经济圈）协作的绩效主要体现在会展业的整体提升以及相对均衡的发展。区域的整体实力首先取决于其中心城市的实力，并且通过辐射其他城市共同构成区域的竞争力。衡量两个区域会展业战略协作的绩效，首先需要考察长三角和珠三角会展中心城市会展业的发展状况。

（一）上海的情况

上海是长江三角洲地区会展业发展的龙头，是当之无愧的区域中心城市，经过近几年的区域协同发展，该市的会展业现在已经跃居全国各城市之首。2013年，上海地区生产总值为2.16万亿元，服务贸易已占上海地区经济产值的50%以上，其中会展业的贡献不可低估。最近几年，上海的会展业增长速度非常快，反映在举办国际会展的次数和国际会展展出的总面积两方面：2010年上海举办国际会展的次数是232次，2011年共举办227次，2012年共举办265次，2013年共举办247次。虽然其在举办的次数方面存在小幅波动，但在国际会展展出总面积方面几乎是一路攀升（2010年为577.50万平方米，2011年为689.32万平方米，2012年为826.90万平方米，2013年为874.50万平方米）。详细数据参见表4-6。

表 4-6　　　　2010—2013 年上海市国际会展发展状况

指标	2010 年	2011 年	2012 年	2013 年
举办国际会展次数（次）	232	227	265	247
展出总面积（万平方米）	577.50	689.32	826.90	874.50

资料来源：上海市统计局。

（二）广州市的情况

珠三角地区以广州市为龙头，而广交会又是广州地区乃至全国最有历史和代表性的展会。以第 117 届广交会为例，展览总面积达到 118 万平方米，总展位数量 60228 个，境外采购商超过 18.4 万人，参展商数量超过 2.4 万家，境内外企业出口成交额超过 280 亿美元。详细资料参见表 4-7。

表 4-7　　　　第 117 届广交会基本数据一览

举办时间	第一期：2015 年 4 月 15—19 日 第二期：2015 年 4 月 23—27 日 第三期：2015 年 5 月 1—5 日
举办地点	中国进出口商品交易会展馆（广州市海珠区阅江中路 380 号）
主办单位	中华人民共和国商务部 广东省人民政府
承办单位	中国对外贸易中心
展出内容	电子及家电类；五金工具类；机械类；车辆及配件类；建材类；照明类；化工产品类；能源类；日用消费品类；礼品类；家居装饰品类；纺织服装类；鞋类；办公、箱包及休闲用品类；医药及医疗保健类；食品类；进口展区
展览总面积	118 万平方米
总展位数量	60228 个
出口成交	280.56 亿美元
境外采购商	184801 人
参展商数量	24713 家境内外企业

资料来源：中国进出口商品交易会唯一官方网站。

（三）长三角其他城市的情况

除了上海，长三角地区的其他城市会展业的发展情况也不容小觑。例如，在商务部首次发布的《中国会展行业发展报告2014》中，南京市在中国城市展览业发展综合指数评分中以77.05分的成绩，位列上海、广州、北京、重庆之后，居第五位。城市展览业发展综合指数主要依据2013年各城市的展览数量、展览面积、展览场馆数量、UFI成员及认证项目等指标进行综合评比得出，能够比较准确地反映一个城市会展业的综合实力。再如，在2014年5月国际大会及会议协会（ICCA）发布的"世界2013城市会议产业发展城市排名"中，南京和杭州并列第三，成为境内举办国际性会议最多的城市。此外，该区域内的苏州、宁波、义乌等城市也都与上海及其他城市协同发展，日渐成为有重要影响的会展城市。

（四）珠三角其他城市的情况

除了广州，珠三角非常有影响力的会展城市无疑是深圳、珠海和东莞。以珠海为例，在北京举办的第七届中国会议产业大会（CMIC2014）上，珠海国际会展中心荣获"2014年最受欢迎国际会议中心"称号。珠海国际会展中心建筑面积约6万平方米，整体为无柱式设计，展馆净展面积有3万平方米，是集展览中心、会议中心、音乐厅、歌剧院多功能于一体的现代化展馆，均按国际标准建设，由专业团队运营管理，探索新的运营体系。自试运营以来，珠海国际会展中心已经成功举办了珠海国际汽车展、珠海国际打印耗材展等知名展览，以及粤港澳会展业合作交流研讨会、中央商务区规划设计国际研讨会和建设国际宜居城市媒体高峰论坛暨2014中国主流媒体联盟论坛等高规格的会议。

二 案例总结及展望

综合以上分析可以看出，随着社会经济等领域的快速发展，我国近年来会展活动增长迅速，会展业已经成为现代服务业的重要组成部分。如今会展市场的竞争已不再是单个企业之间的竞争，也不仅是供应链与供应链之间的竞争，而是不同区域会展体系（网络）

之间的竞争。长三角和珠三角的案例验证了以资源整合为基础的区域会展战略协作模式的适用性，通过空间布局、产业协同、资源共享和公共服务等领域的协同发展，有助于全方位提升区域会展的综合竞争力。通过上述案例分析，可以得出如下一些重要结论。

第一，会展业战略协作的动因不是单一的，但却是相似的。由长三角和珠三角地区的案例可以看出，构建协同发展的会展体系的原动力不是单一的，而是外部环境的拉力和发展过程遇到诸多现实问题的推力共同作用促成的。一方面，寻求更高层次的发展，特别是为达到在世界会展舞台占有更大之地的目标，长三角和珠三角会展业需要在区域内实现联动和战略协作，这样才能更好地服务于会展产业链上中下游的企业。另一方面，尽管长三角和珠三角会展业近年来均取得了长足的进展，但两个城市群在会展业的发展上都存在许多亟待解决的问题，而且遇到的问题极为相似，如展会主题的重复、资源基础的不均、协调机制的不健全等。相信上述问题对于京津冀会展业的战略协同发展有深刻的启示意义，从布局之初如果就能意识到可能面临的问题，战略的制定就会更为周全和长远。会展业作为一种重要的贸易平台，不仅在一个城市内部需要有非常严格的产业秩序，在一个大的经济区内部同样需要协同发展，否则不仅会带来会展产业内部的竞争，而且有可能增加参展商和观众的交易成本。本书相信，以资源整合为基础的区域会展战略协作模式必将成为会展业的战略趋势。

第二，区域会展战略协作的实现方式不是唯一的。通过长三角和珠三角地区会展业的案例可以看出，尽管以资源整合为基础的区域会展战略协作模式都有在空间布局、产业协同、资源共享和公共服务四个方面的协作，但各区域的实现方式不一。每个区域的具体情况不一，面临的竞争环境及所拥有的资源也不尽相同，这就造成了各区域在具体协作方式上的差异性。由此可见，区域会展战略协作在具体实施过程中还需因区域而异，探索出一条适合自己的独特道路。这提醒本书在思考适合京津冀地区会展业战略协作的特色之路时，要充分考虑到因地制宜。京津冀地区会展业如何进行空间布局？如何实现产业协同？如何充分共享资源？如何创新公共服务协作？显然，这些问题需要根据京津冀地区的实际情况做出回答。京津冀作为地域相连、城市定位差异化明显、产业结构互补性明显的三个地区，会展业的协同发展不仅有利于发挥各自的区域优势、经济特色，形成差异化发展定位，而且有利于降低区域间的竞争，形成会展业在京津冀大区域内的良性循环。此外，会展业是一种对基础设施、交通、安全等公共服务具有较高依赖性的现代服务业，京津冀地区政府高效率的公共服务协作机制是保障三地会展业协同发展的重要因素。

第三，区域会展战略布局与协同发展的内核在于内外资源的整合。传统的资源划分方法认为，区域资源主要是指区域内部资源。而"竞合"观念下，区域外部资源成为区域资源的重要构成部分。资源整合的目的不是面向产业，而是区域的生态系统——包括组织形式参与的社区、机构，个人形式参与的企业客户、供应商等。因此，相关的群体包括上下游企业、规则的制定者、标准设定的主体、教育机构等。这种生态系统的组织形式要求充分利用内外部资源和能力，提高区域整体竞争力。通过案例分析，本书可以看出长三角和珠三角地区尽管在资源整合上做出了很大的努力，但其实还有可以作为的空间：一是区域内会展上下游企业可以建立纵向合作联盟，形成共担风险、共享利润的链条。二是可以在区域内或者区域外寻找与高等院校、科研院所、政府部门等机构合作的机会，建立相互合作的人才培养体系。三是会展产业内各相关业务板块需要协同运作，以适应需求多样化、动态变化的外部环境。会展业作为一种对城市环境影响较大、资源占用较多的现代服务业，对目前北京市的交通、住宿、餐饮等行业带来较大压力，通过资源整合，实现协同发展，不仅有利于优化北京的人口、资源与环境压力，而且有利于发挥特色，提升北京会展业的运行质量。

总之，本书以长三角和珠三角地区为例，运用双案例嵌入式的方法，比较了长三角和珠三角会展业战略协作的动因、协作要素及其协作绩效，一定程度上揭示了区域会展战略协作模式的内涵，丰富了相关理论，对制定京津冀会展业空间布局及协同发展的政策体系具有重要的借鉴意义。具体来说，一是京津冀地区会展业的发展需要依据产业基础、市场规模、城市功能等因素，明确各城市的发展定位。二是要合理控制京津冀三地会展场馆的布局与结构，会展场馆建设需要长远的规划和科学的设计。三是需要加强区域内城市间的协作，打破行政区划的界限，构建区域合作机制，通过会展经济协调会、会展业合作论坛等方式来促进区域内部城市之间的分工协作，以促进京津冀会展业的持续、健康发展。

第五章　京津冀会展业空间布局协同发展研究

京津冀协同发展战略需要从方方面面加以推进，其中，空间布局的优化是核心环节之一。会展业作为京津冀各城市都非常重视的现代服务业，只有做好科学合理的空间布局，才能够最终实现协同发展。

第一节　会展业空间布局的理论研究

由于我国会展业起步较晚，在经济体量方面也仅仅是国民经济中份额较低的一个组成部分，因而专门针对会展业空间布局的研究还比较缺乏，已有研究主要集中在会展空间模式、会展产业集聚和会展城市选择三个方面。[①]

一　会展空间模式

虽然国内学者目前很少有关于会展地理学方面的研究，但是国外学者在会展地理学以及会展空间模式方面的研究已经有了一定进展。例如，Getz（2004）分析了会展地理学的意义和范围，提出了一系列和旅游相关的研究题目。[②] Janiskee（1996）检验了节庆的空

[①] 本部分内容参考了焦萍的《中国展览产业空间集聚及影响因素研究》，硕士学位论文，北京第二外国语学院，2015年。

[②] Getz, D., "Geographic Perspectives on Event Tourism", in A. Lew, M. Hall, and A. Williams, eds., *A Companion to Tourism*, Oxford: Blackwell Publishing, 2004.

间和时间分布以及形成这些分布的原因,提到了特定地区在会展活动数量方面是否达到了其承载能力的问题,对会展地理学的研究做出了开创性的贡献。[1] Bohlin（2000）使用"距离衰退理论"研究了人们在瑞士参加的各种节庆会展活动的距离,并找到了导致最重要差别的因素。[2] Wicks（1995）从地理学角度研究了会展活动的潜在市场。[3] Sherwood（2007）通过实证数据绘制了会展活动旅游地图以评估会展活动的"资源脚印"。[4] 除此之外,Verhoven、Wall 和 Cottrell（1998）[5] 以及 Lee 和 Crompton（2003）[6] 还研究了会展活动的市场区域和旅游吸引力。

二 会展产业集聚

Bernini（2009）运用波特的钻石结构模型和定量分析法研究了意大利会展产业和当地基础设施与旅游产品供求,并据此提出了意大利会展产业在全球的竞争力战略。[7] Wu 和 Sun（2011）从系统动力学的视角考察了影响会展产业集群产生的因素,发现会展产业集

---

[1] Janiskee, R., "The Temporal Distribution of America's Community Festivals", *Festival Management and Event Tourism*, 1996, 3（3）: 129–137.

[2] Bohlin, M., "Traveling to Events", in L. Mossberg, ed., *Evaluation of Events: Scandinavian Experiences*, New York: Cognizant, 2000.

[3] Wicks, B. E., "The Business Sector's Recreation to a Community Special Event in a Small Town: A Case of the 'Autumn on Parade' Festival", *Festival Management & Event Tourism*, 1995, 2: 177–183.

[4] Sherwood, P., "A Triple Bottom Line Evaluation of the Impact of Special Events: The Development of Indicators", Victoria University, Melbourne, 2007.

[5] Verhoven, P., Wall, D., and Cottrell, S., "Application of Desktop Mapping as a Marketing Tool for Special Events Planning and Evaluation: A Case Study of the Newport News Celebration in Lights", *Festival Management and Event Tourism*, 1998, 5（3）: 123–130.

[6] Lee, S., and Crompton, J., "The Attraction Power and Spending Impact of Three Festivals in Ocean City, Maryland", *Event Management*, 2003, 8（2）: 109–112.

[7] Bernini, C., "Convention Industry and Destination Clusters", *Tourism Management*, 2009, 30: 878–889.

群的产生主要是内部供给因素和外部市场需求共同作用的结果。[①] Jin 等（2012）通过实证研究证明了产业集群发展对于展览目的地吸引力的影响，并对会展业中的集群效应进行了测度。[②]

根据《中国会展经济发展报告》，我国的会展业目前已经初步形成了产业集群的雏形，形成了五大区域会展产业带，即以北京、天津为中心的京津冀会展产业带，以上海为中心的长三角会展产业带，以广州为中心的珠三角会展产业带，以大连、沈阳为中心的东北会展产业带，以及以成都、昆明为代表的西南会展产业带。王云龙（2005）以北京、上海和广州为例，论述了会展经济的空间运动形式，认为会展产业的空间结构变化主要表现为展览场馆的空间聚集与扩散，酒店等配套设施以及专业人才等生产要素主要在展览场馆周围形成集聚。[③] 付桦（2006）对长江三角洲会展业的空间布局进行了研究，认为虽然长江三角洲会展业已经在我国会展业中占据较大的份额，但仍处于初级阶段，以上海为中心，长三角会展业的空间布局需要不断优化升级，实现规模经济。[④] 张俐俐（2009）运用区位熵系数分析了广州会展产业集群的集聚程度，认为广州不仅已形成了会展产业集群，而且集聚程度比较高，与其他城市相比形成了一定的优势和特色。[⑤] 方忠权（2013）运用核密度估计法和GIS 空间分析法研究了珠江三角洲会展企业空间格局的变动，发现会展企业在空间分布上呈现出高度的地理集聚特征和动态性，具有

[①] Wu, X. J., and Sun, M. J., "The System Dynamics Analysis on the Evolvement of Mechanism of Convention and Exhibition Industry", in Shen Gang, Huang Xiong, eds., *Advanced Research on Electronic Commerce, Web Application, and Communication*, Berlin: Springer Berlin Heidelberg, 2011.

[②] Jin, X., Weber, K., Bauer, T., "Impact of Clusters on Exhibition Destination Attractiveness: Evidence from Mainland China", *Tourism Management*, 2012, 33: 1429 – 1439.

[③] 王云龙：《关于会展经济空间运动形式的分析：以北京、上海与广州为例》，《人文地理》2005 年第 4 期。

[④] 付桦：《长江三角洲会展业空间格局研究》，硕士学位论文，华东师范大学，2006 年。

[⑤] 张俐俐：《基于 LQ 系数的广州会展产业集群》，《国际经贸探索》2009 年第 12 期。

在扩散中集聚的特点。①

三 会展城市选择

国外关于会展城市选择的研究较多,主要有 Oppermann (1996)②、Qu、Li 和 Chu (2000)③、Chacko 和 Fenich (2000)④、Baloglu 和 Love (2001)⑤ 等,这些研究选用了不同的指标体系为会展城市的选择提供了理论解释,也为分析会展产业集聚影响因素提供了理论基础。例如,Lee 和 Josiam (2004) 构建了国家层面的会展目的地竞争力评价体系,包括 7 类因素、55 个指标,这些因素和指标为进一步研究城市会展产业空间布局奠定了基础。⑥

国内关于会展城市的研究主要表现在通过定性方法提出竞争力评价指标体系,如李海霞 (2008)⑦、戚能杰 (2007)⑧ 等,当然也有少数定量方法方面的研究,如李玺 (2010) 关于城市商务旅游竞争力的分析⑨。

总之,从上述这些已有研究可以看出,研究京津冀地区会展业

---

① 方忠权:《广州会展企业空间集聚特征与影响因素》,《地理学报》2013 年第 4 期。
② Oppermann, M., "Convention Destination Images: Analysis of Association Meeting Planners' Perceptions", *Tourism Management*, 1996, 17 (3): 175 – 182.
③ Qu, H., Li, L., and Chu, G. K. T., "The Comparative Analysis of Hong Kong as an International Conference Destination in Southeast Asia", *Tourism Management*, 2000, 21: 643 – 648.
④ Chacko, H. E., and Fenich, G. G., "Determining the Importance of US Convention Destination Attributes", *Journal of Vacation Marketing*, 2000, 6 (3): 211 – 220.
⑤ Baloglu, S., and Love, C., "Association Meeting Planners' Perceptions for Five Major Convention Cities: Results of the Pre – Test", *Journal of Convention & Exhibition Management*, 2001, 3 (1): 21 – 30.
⑥ Lee, W., and Josiam, B. M. A., "Framework for Assessing National Convention Tourism Competitiveness: An Exploratory Study", *Journal of International Business and Entrepreneurship Development*, 2004, 2 (2): 105 – 112.
⑦ 李海霞:《会展城市竞争力模型与评价指标体系研究》,《河南商业高等专科学校学报》2008 年第 6 期。
⑧ 戚能杰:《会展旅游城市竞争力评价模型研究》,《改革与开放》2007 年第 3 期。
⑨ 李玺:《城市商务旅游竞争力:评价体系及方法的创新研究》,《旅游学刊》2010 年第 4 期。

空间布局的协同发展首先需要深入了解不同城市会展产业的发展条件。虽然目前关于京津冀会展产业空间布局协同发展的直接研究非常缺乏，但已有理论研究中关于会展城市选择和会展产业集聚的分析都为本书提供了相应的理论基础。

第二节　京津冀地区会展业空间布局现状

一　数据来源和说明

会展产业空间布局的研究通常需要从三个不同的维度来分析：第一，从地理层面来看，会展产业空间布局要从区域、省、市不同层面来分析；第二，从产业内容来看，会展产业要从展览会和展馆两个层面来分析；第三，从具体数据来看，既要从横截面数据考察现状，也要通过时间序列数据考察历史变化规律；既要分析绝对数值，也要分析相对数值，即会展产业的集聚水平。这样，通过这种多视角的分析和比较，才能更加客观地判断会展产业的空间布局。

通常情况下，产业集聚水平的测度可以采用基于行政区划的地理尺度研究方法，主要有赫芬达尔指数、空间基尼系数、EG 指数、区位熵（LQ）指数等多种指标。根据会展活动的特点，本书选用区位熵（LQ）作为会展产业集聚水平测度指标，其具体计算公式为：

$$LQ = \frac{e_i \Big/ \sum_{i=1}^{n} e_i}{E_i \Big/ \sum_{i=1}^{n} E_i}$$

区位熵（LQ）也叫专门化率，是指特定区域中某产业的产值（或相关指标）在全部地区中所占的百分比与该地区的国内生产总值（或相关指标）在全部地区中所占的百分比之比。其中，e_i 表示第 i 个地区会展产业的产值（或相关指标），本书使用了 i 个地区展览会和展馆的面积；E_i 是指第 i 个城市的国内生产总值。采用区位熵（LQ）判断产业集聚度有两个明显的优点：一是统计数据容易获得；二是能够充分比较区域生产水平与全国平均生产水平，明晰该地区的生产集中情况以及在全国所处的地位。采用区位熵（LQ）法可在数据的可得性、分析的可操作性和研究的客观性之间取得平衡。

本章所使用的展览会和展馆数据分别是指展览会的面积和展馆的面积，通常情况下这两个指标是衡量会展产业发展水平的重要指标，具体数据来源于中国会展经济研究会发布的 2011—2015 年《中国展览数据统计报告》。在计算区位熵（LQ）时，除了以上数据来源，还需要用到《中国城市统计年鉴》（2012—2014）中的相关数据。

另外需要说明的是，关于"区域层面"和"省级层面"的分析都是在全国范围内进行的，城市层面的分析主要针对京津冀地区各城市而展开。此外，通常情况下，样本范围不同，所计算出的区位熵（LQ）的系数值也会有所不同，但其所揭示的结论和规律通常是一样的。

二　区域层面的京津冀会展产业空间布局

按照行政范围的视角，我国划分了六大区域，即华北地区、东北地区、华东地区、华南地区、西南地区和西北地区。其中，华北地区包括北京、天津、河北、山西和内蒙古。京津冀属于华北地区，它们的展览面积占整个华北地区的 90% 左右（见表 5-1），对京津冀地区会展业空间布局的分析可以首先从华北地区的情况入手。

表 5-1　　　　　2011—2015 年六大区域展览面积

单位：万平方米，%

年份	2011	2012	2013	2014	2015	上涨幅度(2015/2011)
华北地区	1253	1052	1091	1196	1331	6
东北地区	646	731	887	901	1014	57
华东地区	3281	3528	3997	4521	4615	41
华南地区	1967	1994	2077	2224	2599	32
西南地区	736	801	971	1068	1549	110
西北地区	292	361	370	414	464	59
合计	8175	8467	9393	10324	11572	42

（一）六大区域会展产业的空间布局

2015 年我国展览总面积突破一亿平方米大关。从六大区域展览面积的绝对值来看，华东地区处于首位，而华北地区位列第四。从纵向数据来看，除了华北地区，其他五大区域的展览面积都出现了大幅度的上涨（2015 年相比于 2011 年），这说明华北地区会展业在全国会展产业中的相对地位正在下降。

（二）六大区域会展产业的集聚情况

根据 2015 年横截面数据，目前我国展览业在六大区域层面已经形成了轻微的集聚，但是各区域的集聚程度并不均衡。其中，华北地区 2015 年 LQ 系数小于 1。此外，从纵向数据来看，相比于 2011 年，六大区域会展产业集聚程度出现了变化。其中，2015 年东北地区、西南地区、华南地区、西北地区的 LQ 系数都出现了上涨，而华北地区的 LQ 系数则由 1.03 下降为 0.83，下降幅度较大，已经不具有产业集聚的特征。具体数据参见表 5-2。

表 5-2　　2011—2015 年六大区域展览业的 LQ 系数

年份	2011	2012	2013	2014	2015
华北地区	1.03	0.84	0.8	0.80	0.83
东北地区	0.91	0.99	1.09	1.04	1.09
华东地区	1.09	1.15	1.18	1.20	1.09
华南地区	0.94	0.92	0.87	0.84	1.53
西南地区	1.02	1.03	1.10	1.08	1.36
西北地区	0.67	0.77	0.70	0.71	0.73

三　省级层面的京津冀会展产业空间布局

关于省级层面会展产业空间布局的研究，本书主要分析了 31 个省、市、自治区的情况，没有将香港、澳门和台湾纳入研究范围，主要目的在于考察京津冀地区在省级层面的会展产业空间布局。

（一）不同省市区会展业的发展概况

从 2015 年的横截面数据来看，广东（1653.76 万平方米）依然是中国第一展览大省，上海（1511.55万平方米）紧随其后，北京位居第9（520.10万平方米），而天津（346.00万平方米）位居第10，河北位居第16（274.02万平方米）。从纵向数据来看，京津冀三省市展览面积在全国的排名变化较大。其中，北京从2011年排名第3，一路下滑到2015年的第9位。而河北省2013年开始跻身于全国前十位，但是在2015年出现了明显的下滑，下降到第16位。天津市2011年展览面积在全国排名第12位，但是2012年急剧下滑到第20位，2012年之后又呈现出比较稳定的上升态势，2012—2015年在全国的排名分别为第20、19、18、10位。

（二）不同省市区会展业的集聚情况

从2015年横截面数据来看，LQ系数明显大于1的省份有上海（3.79）、重庆（2.79）、广东（1.42）、北京（1.41）、天津（1.31）、辽宁（1.32）、四川（1.29）、浙江（1.12）、海南（1.10），说明会展产业在这9个省份有较为明显的集中。而河北的LQ系数只有0.58，说明河北省的会展产业不具有优势。此外，从纵向数据来看，京津冀三省市LQ系数发生了较大的变化（见表5-3），其中，北京的LQ系数由2011年的3.29下降到2015年的1.41，天津的LQ系数由2011年的1.24下降到2014年的0.68，但在2015年又回升到1.31，波动幅度非常大。也就是说，北京的会展产业已由明显集聚变为轻度集聚，优势已不再十分明显，天津的会展产业的集聚优势处于不稳定状态。另外，河北的LQ系数虽然很低，但从近年来的变动趋势来看，其LQ系数却有了一定幅度的增长。

表5-3　　　　2011—2015年京津冀三省市LQ系数

地区	2011年	2012年	2013年	2014年	2015年
北京	3.29	2.14	1.90	1.76	1.41
天津	1.24	0.64	0.80	0.68	1.31
河北	0.31	0.57	0.61	0.59	0.58

四　市级层面的会展产业空间布局

与区域和省份两个层面在全国范围内的分析有所不同，市级层面的分析主要关注京津冀地区内部各城市会展业的发展情况及集聚程度。京津冀地区共有 13 个市,其中河北有 11 个地级市。由于无法获得河北 6 个城市 2011 年的相关数据,此处的分析采用了 2012—2015 年的数据。

(一) 京津冀地区各城市会展业的发展概况

从城市层面来看,北京依然是京津冀地区展览规模最大的城市,与排名第二的天津有非常大的差距,在京津冀地区占据绝对的优势。但是基于纵向数据和以往更长时期的分析,北京会展产业的地位无论从全国范围来看,还是从京津冀地区内部来看,都呈下降趋势。虽然从展览的绝对面积来看,北京近年来还是保持了增长态势,但是其增长幅度不仅大大低于京津冀地区展览业的总体增长速度,而且已经落在了天津、廊坊、石家庄等城市的后面。详细资料参见表 5-4。

表 5-4　　　2012—2015 年京津冀地区各城市展览面积

单位:万平方米

城市	2012 年	2013 年	2014 年	2015 年
北京	562.50	552.00	608.19	520.10
天津	121.01	171.00	173.06	346.00
廊坊	67.30	80.00	85.05	96.67
唐山	44.10	43.00	50.20	38.90
石家庄	15.86	50.00	61.22	49.35
沧州	24.30	10.00	19.52	22.50
邢台	5.80	10.00	10.50	11.20
邯郸	3.75	20.80	29.00	21.20
衡水	36.10	20.00	8.00	12.20
张家口	1.00	7.80	7.80	3.00
秦皇岛	2.72	5.00	5.80	2.00
保定	8.80	8.80	2.80	14.00
承德	0.50	0.85	1.95	1.00
合计	893.74	979.25	1063.09	1138.12

（二）京津冀地区各城市会展业的集聚程度

从 2015 年的 LQ 系数来看（见表 5-5），廊坊的会展产业集聚度最高，LQ 系数为 2.52，其次是北京（1.41）和天津（1.31），其他城市的会展产业都没有出现集聚现象。从 2012—2015 年的纵向数据来看，廊坊的 LQ 系数一直处于高位稳定态势，而北京和衡水的 LQ 系数却出现了下降，其中衡水下降速度最快。这说明，廊坊的会展产业在京津冀地区具有相对优势，北京虽然也具有集聚发展的优势，但其优势地位正在下降。在其他不具有集聚现象的城市中，LQ 系数上升较快的有石家庄和邯郸。当然，需要特别指出的是，由于考察期间太短（2012—2015 年），对这种变化趋势的判断是否准确还需要其他方面的研究来相互验证。

表 5-5　2012—2015 年京津冀地区各城市的 LQ 系数

城市	2012 年	2013 年	2014 年	2015 年
北京	2.03	1.78	1.78	1.41
天津	0.60	0.75	0.69	1.31
廊坊	2.42	2.62	2.58	2.52
唐山	0.48	0.45	0.50	0.40
石家庄	0.23	0.66	0.72	0.57
沧州	0.56	0.21	0.39	0.43
邢台	0.24	0.40	0.39	0.40
邯郸	0.08	0.43	0.59	0.42
衡水	2.26	1.15	0.44	0.63
张家口	0.05	0.38	0.36	0.14
秦皇岛	0.15	0.27	0.30	0.10
保定	0.21	0.21	0.06	0.29
承德	0.03	0.04	0.09	0.05

五　简单的总结

基于前文的分析可以看出，京津冀地区展览业在空间布局方面呈现出如下特征。

第一，从六大区域层面来看，2015 年华北地区展览面积位列全国第 4。相比于 2011 年，华北地区的展览面积在全国出现较大幅度增加的背景下却出现了明显的下降，说明华北地区在全国会展产业中的相对地位正在下降。此外，从展览面积的 LQ 系数来看，2015年华北地区展览 LQ 系数为 0.83，没有形成展览集聚；与此同时，相比于 2011 年，华北地区的 LQ 系数在下降。

第二，从省份层面来看，2015 年北京位居全国第 9，天津位于全国第 10，河北位于全国第 16。相比于 2011 年，北京和河北的排名都出现了下滑。此外，从展览面积的 LQ 系数来看，2015 年北京和天津的 LQ 系数分别为 1.41 和 1.31，而河北的 LQ 系数只有 0.58，说明北京和天津会展产业具有一定的集聚现象，而河北的会展产业不具有优势。

第三，从城市层面来看，北京依然是京津冀地区展览规模最大的城市，与排名第 2 的天津有非常大的差距，在京津冀地区占据绝对的优势，但北京会展产业的优势在逐渐丧失。从展览面积的 LQ 系数来看，廊坊的会展产业集聚度最高，LQ 系数为 2.52，其次是北京（1.41）和天津（1.31），其他城市的会展产业都没有出现集聚现象。从 2012—2015 的纵向数据来看，廊坊的 LQ 系数一直处于高位稳定态势，而北京的 LQ 系数却出现了下降。这说明，廊坊的会展产业在京津冀地区具有优势，北京虽然也具有集聚发展的优势，但其优势地位正在逐步下降。

总之，京津冀所在的华北地区的展览和展馆资源在全国并不占优势，而且这种并不占优的地位正处于下降通道，其中最主要的原因来自北京在全国会展业中相对地位的下降。此外，从京津冀地区内部来看，各城市之间的地位也发生了一些明显的变化，比如相对于北京会展业的下降，廊坊会展业的地位在逐步提升。

第三节 京津冀地区会展业的发展条件

一 城市会展产业发展条件分析框架与会展城市评价指标

（一）城市会展产业发展条件分析框架与会展城市评价指标

分析城市会展产业的发展条件，通常需要考虑资源因素、管理因素、条件因素和需求因素四个方面，具体参见图5-1。

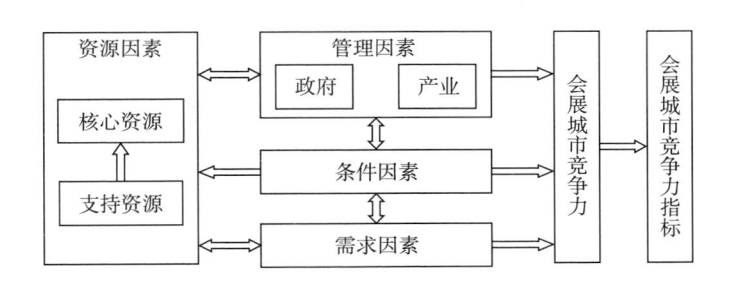

图5-1 城市会展产业发展条件的分析框架

1. 资源因素。其主要包括核心资源和支持资源两个层面，其中核心资源是城市会展活动的主要动力，支持资源是城市会展活动的辅助因素。

（1）核心资源。虽然从需求的角度来看，展览业主要取决于一个城市的经济体量、产业结构和消费特征，但是从供给和资源的角度来看，展览场馆的供给情况至关重要，因此会展场地的数量和质量可以看作会展城市的核心资源。事实上，全球会展产业发达的城市通常都拥有大型会展中心。大量研究表明，会展场地及其服务水平是各种活动举办者选择活动举办地的重要评估因素。例如，Go 和 Zhang（1997）研究了饭店客房和会议设施质量、服务人员效率、专业运营人员、成套设备、会议组织和策划的现场支持、安全和价格等因素对会议目的地选择的影响[1]；Qu、Li 和 Chu（2000）在研究东南亚地区会议中心的比较优势时，加入了关于会展场馆的许多更为具体的因素，如视听设备、电话会议设备、同声传译设备等[2]。

（2）支持资源。会展城市的支持资源主要包括旅游资源、相关配套支持产业、目的地的整体环境等。首先，丰富多样的旅游资源（如旅游吸引物、气候和环境、文化和历史、购物和娱乐）有助于激发会展活动参加者的旅行动机；其次，配套完善的相关支持产业有利于会展活动的成功举办，特别是交通运输、旅行社、住宿、餐饮和娱乐等产业是确保会展活动平稳运营的重要辅助产业；最后，目的地整体环境包括举办地的基础设施、目的地可达性、城市服务质量、安全性、城市形象等对能否吸引更多的会展活动同样具有重要影响。

2. 管理因素。优质高效的会展目的地管理能力有助于提高会展城市核心资源的吸引力，增强支持资源的质量和效率，降低各种限制性因素给目的地带来的不利影响。会展城市目的地管理的主要内容通常包括目的地营销管理、目的地政策和法规、人力资源发展以及目的地环境管理等。这些管理工作总体上可以划分为政府管理和产业管理两类。

（1）政府管理。会展活动涉及大量的人流、物流和信息流，会展活动的举办通常需要大量公共服务的支持，因而政府管理是提升会展城市竞争力的基础条件，政府对整个会展系统的支持对促进会展业的发展具有重要作用。通常情况下，政府在会展目的地的营销、规制、展示、监督、维护、协调、人力资源开发等方面有重要

---

[1] Go, F., and Zhang, W., "Applying Importance – Performance Analysis to Beijing as an International Meeting Destination", *Journal of Travel Research*, 1997, 35（1）: 42 – 49.

[2] Qu, H., Li, L., and Chu, G. K. T., "The Comparative Analysis of Hong Kong as an International Conference Destination in Southeast Asia", *Tourism Management*, 2000, 21: 643 – 648.

的作用。政府在会展产业政策、信息收集和发布、参与者签证程序的简化、会展活动的财政和税收政策等方面的支持，能够有效地提升会展城市在国际市场上的竞争力。

（2）产业管理。在大多数市场经济国家，产业管理的职能主要由行业协会来承担。行业协会的主要职能包括政府和企业之间的信息沟通、行业自律、项目评估、人才培训等方面。

3. 条件因素。条件因素主要包括会展城市目的地的运营环境和远期环境。运营环境是指城市运营会展产业的优势和能力，如人力资源、资本、物质基础设施、科技水平、信息等因素，运营环境与产业结构、企业行为和企业绩效有关，与会展城市支持会展产业的能力相关，是一个城市发展会展产业的基础要素。远期环境包括那些在会展目的地城市之外但能够对会展产业的发展带来直接或者间接影响的因素，如汇率变化、全球经济走向等。总体来说，条件因素是会展产业运营环境和目的地城市远期环境的力量综合，通常很难对其进行量化分析，但是这些条件因素对会展城市竞争力的影响不可低估。

4. 需求因素。如前所述，会展活动的发展从根本上取决于需求，需求的规模决定了会展活动的规模，需求的结构决定了会展活动的结构。如果一个城市对会展活动缺乏有效的需求，即使拥有非常优越的会展场馆设施，通常也难以摆脱低效率甚至是闲置的困境。城市会展活动的需求与当地的社会、经济、文化有关，在全球化背景下，也与一个城市的国际交流能力和水平有关。

（二）会展城市评价指标

在会展城市竞争力模型的基础上，本书根据大量的已有文献，把前人研究提出的各种影响会展目的地选择的因素进行了分类，形成了如下的会展城市评价指标体系（见表5-6）。

表 5-6　　　　　　　　　会展城市竞争力评价指标体系

因素类别	具体因素	指标
资源因素	核心资源	会展场馆容量、会展场馆价格、会展场馆设备设施、会展场馆服务、会展中心步行距离内的酒店数量
	支持资源	● 旅游资源和吸引物：旅游文化资源、娱乐活动 ● 相关支持产业：交通成本、住宿成本、食物和餐饮设施、接待和住宿设施、餐饮服务 ● 整体环境：可达性、安全性、城市形象、通用语言、气候、当地居民的好客程度
管理因素	政府管理	对会展中心的财政/税收支持、支持会展产业的政策、签证程序、对人力资源发展的支持、信息的采集和发布、会展产业发展战略*、城市会展营销*、环境保护立法*
	产业管理	协会提升、产业融入*、目的地营销项目资金*、产业培训项目*、绿色会展运作*
条件因素	运营环境	法律、经济、政治和社会稳定性，人力资源*，资本资源*，基础设施*，科技基础设施*，信息*
	远期环境	汇率变化*、政府财政政策*、全球经济态势*
需求因素	市场需求	会展活动的当地需求、和国际协会的关系、国际协会的数量

注：*表示该指标在已有文献中没有使用过，是本书根据城市会展产业发展条件分析框架增加的指标。

二　京津冀地区会展产业的发展条件

上述理论框架中条件因素所涉及的指标多是国家甚至是世界层面的宏观情况，需求方面的因素需要针对目标市场做进一步的调查，因此下面主要针对资源因素和管理因素对京津冀地区发展会展产业的条件进行分析。由于资源因素和管理因素非常复杂，包含了非常多的指标，在对京津冀地区不同城市的会展产业发展条件进行分析时不可能面面俱到，这里只能以各种可获得的资料为基础，对该地区有利于会展产业发展的条件进行说明，并为后面的空间布局框架设计提供依据。

(一) 资源因素

1. 核心资源。如前所述,会展场馆是城市会展产业发展水平的一个重要衡量指标,同时也是最重要的核心资源。从前文的分析中可以看出,京津冀地区的展览场馆面积从全国范围来看并不占优势。在京津冀地区内部,北京市展览场馆面积最大,天津次之。但是从场馆集中度来看,张家口和廊坊同样具有较好的发展会展产业的潜力。

从 2015 年展馆面积来看(见表 5-7),北京仍居京津冀地区之首,天津和石家庄次之,廊坊和张家口的展馆面积也相对较大。从 LQ 系数来看,廊坊、石家庄、北京和张家口的展馆具有较高的集中度。

表 5-7 2015 年京津冀地区各城市的展馆数量、面积和 LQ 系数

地区	展馆数量(个)	展馆面积(万平方米)	LQ 系数
北京	9	44.79	1.44
天津	3	12.90	0.58
廊坊	3	6.28	1.93
石家庄	5	12.76	2.55
沧州	2	2.80	0.64
邯郸	1	2.00	0.47
衡水	1	1.06	0.64
张家口	1	5.36	1.09
合计	25	87.95	—

另外,《2015 年中国展览数据统计报告》显示,京津冀地区按室内展览面积排序,进入全国百强的展馆共有 10 个(见表 5-8),除北京、天津的展馆外,石家庄市的石家庄国际会展中心、张家口市的通泰国际博览中心和廊坊市的廊坊国际会展中心也榜上有名。这说明除北京和天津外,石家庄、廊坊和张家口也具有发展会展产业最重要的场馆基础。

表 5-8　　2015 年京津冀地区入选中国室内展览面积前 100 位的展馆

排序	城市	展馆名称	室内展览面积（万平方米）
10	北京	中国国际展览中心新馆	10.68
14	石家庄	石家庄国际会展中心	10.00
25	北京	九华国际会展中心	7.50
41	北京	中国国际展览中心（老）	6.00
42	天津	天津梅江国际会展中心	5.40
43	张家口	通泰国际博览中心	5.36
70	北京	国家会议中心	3.50
73	天津	天津经济技术开发区滨海国际会展中心	4.00
90	天津	天津国际展览中心	3.50
92	廊坊	廊坊国际会展中心	3.35

2. 支持资源。支持资源包括的内容非常多，主要有以下三个方面。第一，旅游资源和吸引物：旅游文化资源、娱乐活动；第二，相关支持产业：交通成本、住宿成本、食物和餐饮设施、接待和住宿设施、饭店服务、餐馆服务；第三，整体环境：可达性、安全、城市形象、通用语言、气候、当地居民的好客程度。支持资源的作用是否能够充分发挥受限于核心资源。

（二）管理因素

1. 政府管理。如前所述，政府管理主要包括政府对会展中心的财政/税收支持、会展产业的政策、商务人员的签证程序、对会展人力资源的开发、会展信息的采集和发布、城市会展营销、会展环境保护立法等方面的内容。下面简要介绍近年来京津冀地区在政府管理方面的一些主要举措和经验。

（1）北京。北京在会展业"十二五"规划中明确提出，要充分发挥财政资金的引导和激励作用，市财政每年安排一定的资金（不低于3000万元）专项支持会展业发展，用于鼓励和支持大型品牌展会项目、重大国际会议的引进或连续举办，同时配套出台了《北京市会展业发展专项资金使用管理办法》，落实奖励细则，规范会展专项资金的使用。按照相关规定，本市申办经国际权威机构认定的国际会议，举办通过国际展览联盟（UFI）认证的展览，本市会展企业组织出国参展及产品的国际推广活动、会展信息平台建设、会展人才引进和培养等，如果符合相关条件，均可向政府申请补助或者奖励。除此之外，为了方便国外人士入境，北京市实行了更加宽松的免签政策，自2013年1月1日起，英国、美国、澳大利亚、韩国、日本等45个国家持有第三国签证和机票的外国人途经北京时，可以不持有中国签证在北京停留72小时，其间可在北京游玩、住宿、就餐等。不过，目前北京"72小时过境免签"政策仅限于首都国际机场口岸，享受过境免签政策的旅客必须从首都国际机场入境和出境。

（2）天津。2011年年底，天津市正式出台了促进会展业发展的办法，该办法主要针对展览业的发展制定了各种鼓励和扶持政策，对会展项目、企业、场馆和相关配套服务机构的发展，会展人才的培养和引进，会展宣传和招商推介等事项进行资助和奖励；对举办国际性、全国性或者大型会展活动，设立会展企业总部或者地区总部，投资大型会展场馆建设等项目给予支持；除此之外，天津市鼓励国内外知名会展企业来本市办展，对本市重点发展的会展项目，在项目培育期内给予重点支持；鼓励会展项目扩大办展规模，对本市重点发展的会展项目扩大办展规模给予重点支持；等等。不过，相对于北京市从"十二五"开始制定独立的"会展业'十二五'发展规划"，天津会展业至今尚未出台独立的产业规划。

（3）河北。与京津地区一样，河北也非常重视会展产业的发展，并且成立了专门的会展促进中心（河北国际商务信息中心）具体负责河北省及国家部委在境内外主办的各类经贸展会的组织与实施工作，业务范围包括展会宣传服务与组织落实、国际经贸合作及投资项目推介等。另外，河北省"十二五"会展业发展规划中也制定了相关优惠政策，支持会展业的发展。例如，河北对注册资金在

500万元以上的新办会展企业自开办之日起两年内实行企业所得税全额返还，对会展场馆在项目审批、用电、用水、用气价格等方面享受公共服务设施实施优惠政策。

除此之外，为贯彻落实《国务院关于促进展览业改革发展的若干意见》（国发〔2015〕15号），河北制定了《河北省人民政府关于促进展览业改革发展的实施意见》（冀政发〔2015〕40号），在政府管理方面提出了很多的具体举措，主要包括：第一，加强组织领导。建立由省商务部门牵头，省发展改革、教育、科技、公安、财政、文化、税务、工商、海关、质监、统计、知识产权、贸促会等部门参与的联席会议制度，统筹协调，分工协作，制定全省展览业发展战略、规划、政策和标准等，加强事中事后监管和服务。加快简政放权，减少行政审批，省商务厅要按审批权限做好对外经济技术展览会行政审批工作，提高行政效率和便利化水平。第二，落实国家政策。积极争取、用足用好国家鼓励支持展览业发展的各类扶持资金，落实小微企业增值税和营业税优惠政策，对会展企业及相关配套服务企业发生的符合规定的创意和设计费用，可在计算应纳税所得额时加计扣除，促进会展企业及相关配套服务企业健康发展。第三，提高便利化水平。海关、检验检疫、外汇管理、税务、银行、保险、运输物流等相关部门，依法简化手续，优化展品出入境监管方式方法，为展览提供便利，实现国际展会一站式审核管理，进一步提高通关效率和检验检疫工作水平。引导、培育展览业重点企业成为高信用企业，适用海关通关便利措施。第四，健全统计制度。建立省、设区市、省直管县（市）商务主管部门和贸促会组成的展览业统计监测分析体系，运用统计调查和行政记录等多种方式采集数据，建立对一般展会的分地分类统计和重点展会一展一统计的统计工作制度，对办展机构、展馆面积、展览服务企业、专业参展商和经济指标等展览业指标进行科学统计分析，完善监测分析制度，建立综合性信息发布平台。第五，完善行业诚信体系。建立覆盖展览场馆、办展机构和参展企业的展览业信用体系，制定

《河北省展览行业自律公约》，规范展览主办单位、承办单位、展览场馆单位以及相关服务单位的具体责任和运作程序，避免恶性无序竞争、损害参展商利益。建立信用档案和违法违规单位信息披露制度，推动部门间监管信息的共享和公开，褒扬诚信，惩戒失信，实现信用分类监管。完善重点参展产品追溯制度，推动落实参展企业质量承诺制度。加强对参展企业的知识产权保护，加强展览会维权援助建设，完善举报投诉受理处置机制。

在城市层面，政府在河北省不同城市所起的作用也不同。例如，廊坊市会展业起步较早，是河北省的会展大市，成立了省内首家展览工作领导小组办公室，设立了展会扶植资金；再如，石家庄市成立了会展业发展管理机构，并为贯彻落实《国务院关于促进展览业改革发展的若干意见》（国发〔2015〕15号）精神，出台了《石家庄市人民政府关于促进我市会展业规范发展的实施意见》，提出了一系列支持会展产业发展的政策和措施。

2. 产业管理。从国外会展产业发展的实践和经验来看，大多数会展产业发达的国家并没有设立专门的政府管理机构，而是依靠行业协会对会展产业进行规范。德国经济展览和博览会委员会（Association of the German Trade Fair Industry，AUMA）就是非常典型的代表。目前在京津冀地区，北京、天津以及河北省的石家庄、唐山、廊坊等城市都已经设有会展业行业协会，在推动本地会展产业的发展中发挥了重要作用。但是，由于体制和机制的原因，不少行业协会长期以来一直因"第二政府"的定位而饱受诟病，行业协会在产业自律、行业教育和培训、信息收集、展会评估等方面的作用还有待大幅度的提升。

除此之外，河北在最近出台的《河北省人民政府关于促进展览业改革发展的实施意见》中，提出要充分发挥行业协会作用，鼓励展览业协会以"服务、维权、协调、自律"为基本职能，在第三方认证、第三方评估、法律咨询、业务培训、继续教育、知识产权保护和数据统计等方面发挥作用。展览主管部门将委托协会制定展览行业自律公约，建立展览行业诚信体系、统计体系、会展企业资质评价制度、展会等级认证制度和展会服务评估制度等规章制度，加强对各类展览会的监督指导，组织行业交流合作，加强行业协调自律，提高行业整体素质，创造公平、公开、公正的展览市场环境和竞争秩序。以行业协会为主导，以高等学校为依托，开办各类培训班，使会展职业培训时效化、制度化，形成由职业培训、中等职业教育、高等职业教育等组成的多层次的展览人才培养体系。

第四节　京津冀地区会展业空间布局协同发展构架

一　京津冀地区城市的功能定位

京津冀地区城市会展产业的定位要根据城市的总体功能定位来确定，会展业作为城市的一个微观单元，需要服从和服务于整个城市的定位。

关于京津冀地区各城市的总体定位，2014年2月习近平主席考察北京时首先提出了北京市"四个中心"的功能定位，即北京作为首都的核心功能是成为中国的政治中心、文化中心、国际交往中心和科技创新中心。按照2015年4月30日中央政治局会议审议通过的《京津冀协同发展规划纲要》，天津定位为全国先进制造研发基地、北方国际航运核心区、金融创新运营示范区和改革先行示范区；河北定位为全国现代商贸物流重要基地、产业转型升级试验区、新型城镇化与城乡统筹示范区、京津冀生态环境支撑区。

概括来说，北京市的功能定位是"四个中心"，天津的城市功能定位是"经济中心"，河北省各个城市的功能定位则是配合北京和天津的功能定位，寻求自身的特色发展。京津冀不同城市的功能定位具体见表5-9。

表 5–9　　京津冀地区城市功能定位

城市	城市功能定位
北京	国家首都,政治文化和国际交往中心、国家科技自主创新中心,现代服务业、文化创意产业、高科技研发业发达的国际大都市
天津	我国北方经济中心、北方国际航运中心、现代物流中心,世界级现代制造业基地、重化工产业基地,服务业发达、环境优美的国际港口城市
保定	"京—保—石"现代制造业产业带上的重要节点城市,京津冀城市群中现代制造业和华北腹地经济发展的"领头羊",疏解北京城市功能的次中心城市
廊坊	京津塘产业带上的主要节点城市,京津高科技产业生产基地,服务业发达、环境优美的旅游会展城市,疏解京津城市功能的卫星城市
唐山	我国北方重化工产业基地,京津冀城市群中主要重工业产品和能源供应基地,石油、铁矿石运输枢纽城市
沧州	京津冀滨海临港重化工产业带南部节点城市,以石油化工、盐化工为主的重工、化工产业基地,公路、铁路枢纽城市,冀中南、晋陕蒙部分地区最经济、最便捷的出海口
石家庄	华北连接中原、华南地区的交通枢纽,以医药、纺织业为主导产业的现代制造业基地,华北南部的商贸物流中心和区域经济中心
衡水	京津冀区域交通物流枢纽,绿色农产品供应基地,京津生态屏障保护基地,京津技术成果转化基地,京津教育、医疗、休闲、养生功能基地
张家口	京津冀城市群中连接东北、西北区域的交通枢纽,京津冀城市群的重要生态屏障和水源涵养地,京津冀绿色生态农业和清洁能源基地
秦皇岛	全国著名的滨海旅游、休闲、度假胜地,国家级能源输出港和北方地区重要的出海口岸,京津冀滨海临港产业带北端节点城市,京津冀城市群生态屏障的组成部分和未来高新技术和高档居住扩散地之一
承德	世界闻名的以中国皇家园林为特色的旅游休闲城市、京津冀区域水源涵养地,京津冀绿色生态农业和清洁能源基地

二　京津冀地区城市会展产业定位

从广义概念来看,会展产业包括会议、展览、节庆、体育赛事和演出等多种业态,会展城市可以根据自身的实际情况着重发展其中的一种业态,也可以建设成为多业态齐头并进的综合性会展城市。根据京津冀地区各城市的功能定位、会展业的发展现状以及拥有的资源条件，课题组认为京津冀地区各城市的会展产业应该做出如下定位（见表5-10）。

表5-10　　　　京津冀地区各城市的会展产业定位

序号	城市	会展产业定位
1	北京	以会议为主的综合性国际知名会展城市
2	秦皇岛	以会议与奖励旅游为主的北方重要休闲度假城市
3	承德	以会议与奖励旅游为主的京津冀重点旅游城市
4	天津	以展览为主的综合性国际会展城市
5	保定	以展览为主的地方特色会展城市
6	廊坊	以展览为主的京津冀地区重要会展城市
7	唐山	以展览为主的地方特色会展城市
8	沧州	以展览为主的地方特色会展城市
9	石家庄	以展览为主的京津冀地区重要会展城市
10	衡水	以展览为主的地方特色会展城市
11	张家口	以文体活动为主的地方特色会展城市

（一）北京

总体来说，会议和展览对于北京"四个中心"的功能定位都有积极的促进作用。但比较来看，展览在促进北京"四个中心"功能实现的同时也对北京的交通基础设施形成了巨大的挑战。这主要是因为从要素流动来看，会议和展览的运作都会涉及人员、资金、信息的流动，除此之外，展览还会涉及物品（主要指展品）的流动。也就是说，举办大型展览会可能给北京交通带来巨大压力。另外，随着北京非首都功能的疏解以及大批产业的外移，展览的产业依托逐渐弱化。

除此之外，从北京会展产业发展的现状来看，北京也呈现出"会强展弱"的特点。北京目前是中国第一、亚洲第二的会议目的地城市。根据国际大会及会议协会①发布的《国际协会会议市场报

---

① 国际大会及会议协会（International Congress & Convention Association，ICCA），创建于1963年，总部位于阿姆斯特丹，是全球国际会议领域最具影响的机构组织之一。

告》（2011—2014），北京所举办的国际协会会议数量一直处于中国第一、亚洲第二（第一为新加坡）的地位，相比上海等国内其他城市来说具有绝对优势。据统计，北京每年举办的国际协会会议数量都在 100 个以上，远远多于上海。当然，北京的国际会议数量和排名近些年也出现了一定程度的下滑，但下滑幅度很小，一直保持着中国第一的位置。相比来看，北京的展览发展水平目前已经远远落后于上海和广州。因此，在"四个中心"功能定位的前提下，北京在发展会展产业时应重点放在会议产业上，而把展览逐渐疏解到天津以及河北省的部分城市。因此，在京津冀会展业协同发展的背景下，北京的目标应该是建成"以会议为主的综合性国际知名会展城市"。

（二）天津

北京"四个中心"功能定位中已经明确不包含"经济中心"，而京津冀地区在全国的经济功能绝不能因此而弱化，在这种背景下，天津自然需要担负起中国北方经济重镇的职能，因而在京津冀协同发展的国家战略规划中，天津已经明确定位于我国北方经济中心、北方国际航运中心、现代物流中心，世界级现代制造业基地、重化工产业基地，服务业发达以及环境优美的国际港口城市。由于展览与经济发展、交通运输、产业基地有密切关系，根据城市功能定位，天津自然应该定位于"以展览为主的综合性国际会展城市"。

（三）河北省各市

前文关于城市会展产业发展条件的分析已说明，展览城市发展条件更注重经济和产业基础，而会议城市的发展条件更注重旅游生态环境。根据京津冀地区发展会展产业的条件以及表 5-10 中河北各市的功能定位，课题组认为，石家庄市和廊坊市应该定位为"以展览为主的京津冀地区重要会展城市"；秦皇岛市应该定位为"以会议与奖励旅游为主的北方重要休闲度假城市"；承德市应该定位为"以会议与奖励旅游为主的京津冀重点旅游城市"；保定、唐山、沧州、衡水应该定位为"以展览为主的地方特色会展城市"，这些城市应根据自身的产业基础和经济发展状况确定优先选择的展览项目；而张家口应该以与北京联合举办冬奥会为契机，定位为"以文体活动为主的地方特色会展城市"。

三　京津冀会展产业的空间布局

根据城市功能定位和会展产业定位，京津冀的会展产业空间布局应该是"双核—多极"构架，其中，"双核"是指北京和天津，多极是由河北各市按照产业发展定位分成会议为主的城市和展览为主的城市组成的，适合发展展览产业的有保定、廊坊、唐山、沧州、石家庄、衡水，适合发展会议和奖励旅游产业的城市有秦皇岛、承德和张家口。按照京津冀地区的城市空间位置可以看出，北部城市比较适合发展会议产业，而南部城市比较适合发展展览产业，从而形成"北会南展"的格局。

（一）会议活动集聚区

1. "一核"北京——以会议为主的综合性国际知名会展城市。北京市"十二五"会展规划中明确指出，将着力培育和建设"四核六板块"会展产业集聚区。四大会展业综合发展核心功能区为顺义新国展片区、奥体会展片区、国展—农展馆片区、首都会展片区（大兴）；六大会议业主导的会展产业集聚板块为密云龙湾水乡板块、怀柔雁栖湖板块、昌平小汤山板块、海淀稻香湖板块、石景山首钢板块、丰台青龙湖板块。

按照京津冀一体化背景下北京会展产业发展的空间定位，北京应着力打造会议产业集聚区。其中，奥体会展片区主要以会议为主，小型展览为辅；首都会展片区（大兴）应与廊坊协同发展展览产业；顺义和国展—农展馆片区是北京展览功能区，规模将不再扩大。

2. "多极"——秦皇岛、承德和张家口。由于本书重点探讨展览产业的空间布局，因此就不对以会议活动为主要产业定位的会展城市做进一步的分析。

（二）展览集聚区

展览产业空间布局的显著特点就是依托展览场馆形成产业集聚区，并根据城市的优势产业或未来产业发展目标选择具体的展览项目。

1. "一核"天津——以展览为主的综合性国际会展城市。天津目前拥有三个展览场馆，分别是天津梅江国际会展中心、天津经济技术开发区滨海国际会展中心、天津国际展览中心。虽然这三个展馆都进入了全国百强展馆的行列，但每个展馆的面积都不是很大。目前天津会展产业依托这三个展览中心形成了一定程度的集聚和相应的空间布局，但集聚特征并不明显。天津要建成以展览为主的综合性国际会展城市，并承接由北京转移过来的大型展览，应该在现有展馆的基础上继续修建大型会展中心，并形成新的会展产业空间布局和集聚区。

2. "多极"——保定、廊坊、唐山、沧州、石家庄、衡水。从河北目前各城市的展览场馆数量来看，只有石家庄、廊坊和沧州拥有多个场馆。石家庄有1个10万平方米的国际会展中心，其他展馆相对较小，因此石家庄的会展产业空间布局就是依托石家庄国际会展中心形成产业集聚区。廊坊目前最大的展馆有3.35万平方米，未来还应建设更大的会展场馆以承接北京转移的展览，并形成新的展览集聚区。沧州的两个展馆的规模都很小，产业集聚和空间布局不是特别清晰。其他城市空间布局相对简单，主要依靠其会展场馆进行产业集聚。每个城市会展产业的具体空间布局，还应该针对每个城市做专门的研究。

第六章　京津冀会展业协同发展的产业选择

展览业是一种服务于经济、贸易与投资的平台行业，其自身的发展受到多种因素的影响。就某一特定区域而言，本区域及其辐射领域的经济总量、产业结构、消费特征、外贸进出口、引进外资等方面的发展状况及变化态势，对该区域展览业的发展具有决定性的作用。展览业绝不是一种仅仅依靠主观努力就可以成长起来的行业，而是要受制约于区域的产业和消费状况。

很多研究已经证明了这一点。例如，国际博览会联盟（UFI）曾发表报告认为，一个城市或地区如果基础设施相对完备、人均收入在世界中等以上、服务业在 GDP 中的比重超过制造业且过半、行业协会的力量相对较强，那么会展经济就会在该城市或该地区强势增长，并发挥相关的积极作用。① 显然，国际博览会联盟（UFI）在关于展览业发展的基本条件中，除了基础设施和协会组织的力量之外，更主要的还是在强调一个地区的经济基础，如人均收入、服务业占国内生产总值（GDP）的比重等。

因此，研究京津冀地区展览业的协同发展问题，需要根据京津冀地区展览业的总体定位来研究相关区域的产业、消费、外贸进出口以及引进外资等情况。从国家宏观利益出发，本书认为，京津冀的展览业不仅要依托和服务于京津冀地区的协同发展，而且需要强力带动中国"大北方经济"的增长，同时在促进京津冀与东北亚国家的合作中发挥主导作用，因而本章一方面分析了京津冀地区的产

---

① 方忠权：《大珠三角地区会展业发展前景分析》，《特区经济》2005 年第 4 期。

业与消费特征,另一方面分析了京津冀辐射区的经济状况,并在分析京津冀地区现有展览会行业类型的基础上,提出了京津冀展览业未来发展需要聚焦的行业类型和重点领域。

第一节 京津冀地区的产业与消费特征

展览会的选题与区域产业特征和消费特征紧密相关,研究京津冀地区的产业与消费特征,对科学规划展览会的行业类型、拓展新的展览市场机会具有重要价值。

一 北京市的产业与消费特征

(一)北京市的产业特征

北京作为国家的首都,服务业比较发达。根据北京市2015年国民经济和社会发展统计公报,第三产业增加值占全市地区生产总值的比重为79.8%,而第一产业仅占0.6%。在具体的行业构成中,金融业所占份额最大,其次是工业和批发零售业。而且,从增长速度来看,工业和批发零售业增速相对较低,与2014年相比,2015年的工业仅增长0.9%,批发零售业甚至出现负增长。相反,科学研究和技术服务业、卫生和社会工作等新兴服务业虽然所占比例较低,但是出现了较快的增长态势,具有较好的发展前景。北京市的产业构成状况参见表6-1。

表6-1　　　　2015年北京市地区生产总值及其构成

指标	绝对值(亿元)	比重(%)	比上年增长(%)
按产业划分			
第一产业	140.2	0.6	-9.6
第二产业	4526.4	19.6	3.3
第三产业	18302.0	79.8	8.1

续表

指标	绝对值（亿元）	比重（%）	比上年增长（%）
按行业划分			
农、林、牧、渔业	142.6	0.6	-9.5
工业	3662.9	15.9	0.9
建筑业	965.9	4.2	13.3
批发和零售业	2400.3	10.5	-1.2
交通运输、仓储和邮政业	957.9	4.2	4.0
住宿和餐饮业	412.6	1.8	0.3
信息传输、软件和信息技术服务业	2372.7	10.3	12.0
金融业	3926.3	17.1	18.1
房地产业	1438.4	6.3	4.2
租赁和商务服务业	1766.8	7.7	-1.7
科学研究和技术服务业	1820.6	7.9	14.1
水利、环境和公共设施管理业	180.5	0.8	13.3
居民服务、修理和其他服务业	115.0	0.5	2.0
卫生和社会工作	577.6	2.5	13.7
文化、体育和娱乐业	527.8	2.3	3.5
公共管理、社会保障和社会组织	735.2	3.2	8.6

资料来源：北京市 2015 年国民经济和社会发展统计公报。

（二）北京市的消费特征

2015 年，北京市居民人均消费支出为 33803 元。虽然北京属于经济比较发达的地区，但是过高的房价导致居民的实际可支配收入非常有限。2015 年，居住支出已经成为北京居民消费者支出中的第一大支出，第二是食品烟酒，第三是交通通信支出。其中，居住和食品烟酒这两项基本支出已经占据居民人均消费支出的一半以上。2015 年北京市居民消费构成参见表 6-2。

表 6-2　　　　　2015 年北京市城镇居民消费构成

支出项目	支出金额（元）	比重（%）	同比增速（%）
食品烟酒	7584	22.4	1.6
衣着支出	2426	7.2	2.8
居住支出	10350	30.6	9.0
生活用品及服务支出	2098	6.2	2.8
交通和通信支出	4490	13.3	25.5
教育、文化、娱乐支出	3635	10.8	11.2
医疗保健支出	2229	6.6	16.5
其他用品及服务	991	2.9	1.6

资料来源：北京市 2015 年国民经济和社会发展统计公报。

二　天津市的产业与消费特征

（一）天津市的产业特征

天津市是环渤海地区的重要经济中心。根据统计数据，2015 年天津市的地区生产总值为 16538.19 亿元，其中，第三产业所占比重已经超过 50%，居于三次产业产值的首位，第二产业紧跟其后，所占比重达 46.7%。从各行业来分析，工业产值最高，所占比例高达 42.2%，第二是批发和零售业，第三是金融业。与北京市有所不同，天津市工业产值占据很大的比重，而且依旧保持比较强劲的增长态势，2015 年的增速达到 9.2%。具体情况参见表 6-3。

表 6-3　　　　2015 年天津市地区生产总值及其构成

指标	绝对值（亿元）	比重（%）	比上年增长（%）
按产业划分			
第一产业	210.51	1.3	2.5
第二产业	7723.60	46.7	9.2
第三产业	8604.08	52.0	9.6

续表

指标	绝对值（亿元）	比重（%）	比上年增长（%）
按行业划分			
批发和零售业	2075.14	12.5	6.1
金融业	1588.12	9.6	11.7
交通运输、仓储、邮政业	764.68	4.6	7.7
房地产业	605.42	3.7	6.1
住宿和餐饮业	245.19	1.5	5.3
农业	210.51	2.8	2.5
工业	6981.27	42.2	9.2
建筑业	742.33	4.5	8.5

资料来源：天津市2015年国民经济和社会发展统计公报。

（二）天津市的消费特征

2015年，天津市居民人均消费支出为26230元，其中，食品烟酒支出比重最大，为32.2%，其次是居住支出，为21.6%，这与北京市2015年的人均消费支出类似，原因仍在于过高的房价，这一现象直接制约了居民其他项目的支出。从增长速度来看，居于前三位的是"其他用品及服务""生活用品及服务支出"和"教育、文化、娱乐支出"，分别为17.7%、14.8%和13.4%，由此看来，天津市居民对服务以及娱乐休闲的支出正在逐步增加。2015年天津市城镇居民消费构成参见表6-4。

表6-4　　　　　　　2015年天津市城镇居民消费构成

支出项目	支出金额（元）	比重（%）	同比增速（%）
食品烟酒	8448	32.2	4.7
衣着支出	2144	8.2	4.6
居住支出	5667	21.6	7.9
生活用品及服务支出	1593	6.1	14.8
交通和通信支出	3403	13.0	9.3
教育、文化、娱乐支出	2283	8.7	13.4
医疗保健支出	1888	7.2	9.7
其他用品及服务	830	3.0	17.7

资料来源：天津市2015年国民经济和社会发展统计公报。

三 河北省的产业与消费特征

（一）河北省的产业特征

2015年，河北省生产总值为29806.1亿元，其中，比重最大的是第二产业，为48.3%，其次是第三产业。这一产业结构与北京、天津有所不同，相对于第三产业产值居于首位的北京、天津，河北省则以第二产业为主。从行业划分来看，工业产值所占总产值最大，为42.4%，其次是农业，但是与其他行业相比，工业和农业增长速度较低；值得关注的是金融业，当前比重虽比较低，仅为5.2%，但是其增长速度非常快，同比上年增长近16%，增长速度居于各行业首位。2015年河北省地区生产总值及其构成参见表6-5。

表6-5　　　2015年河北省地区生产总值及其构成

指标	绝对值（亿元）	比重（%）	比上年增长（%）
按产业划分			
第一产业	3439.4	11.5	2.5
第二产业	14388.0	48.3	4.7
第三产业	11978.7	40.2	11.2
按行业划分			
工业	12626.2	42.4	4.3
建筑业	1782	6.0	4.6
交通运输、仓储和邮政业	2479.9	8.3	6.7
农业	3578.7	12.0	2.7
金融业	1554.0	5.2	15.9
批发零售业	2410.4	8.1	7.2
住宿餐饮业	437.5	1.5	11.9
房地产业	1172.8	3.9	6.3

资料来源：河北省2015年国民经济和社会发展统计公报。

（二）河北省的消费特征

河北省2014年国民经济和社会发展统计公报显示，城镇居民人均消费支出为16204元，支出金额中所占比重最大的是食品烟酒，其次是居住支出，但是从表6-6中可以看到，食品烟酒较2013年出现负增长，有下滑的趋势，而居住支出增长则最为迅速，达到了59.1%。值得注意的是，食品烟酒和衣着支出都出现了负增长，支出金额较上年有所减少。2014年河北省城镇居民消费构成参见表6-6。

表6-6　　　　　　　　2014年河北省城镇居民消费构成

支出项目	支出金额（元）	比重（%）	同比增速（%）
食品烟酒	4240.8	26.2	-3.9
衣着支出	1424.4	8.8	-4.5
居住支出	3735.8	23.1	59.1
生活用品及服务支出	1081.6	6.7	9.6
交通和通信支出	2448.4	15.1	12.2
教育、文化、娱乐支出	1591.9	9.8	2.6
医疗保健支出	1304.5	8.0	14.4
其他用品及服务	376.5	2.3	-13.2

资料来源：《中国统计年鉴（2014）》《中国统计年鉴（2015）》。

四　京津冀地区的产业与消费特征

（一）京津冀地区的产业特征

为了更加清楚地了解京津冀地区的整体产业状况及其增长态势，课题组将京津冀三地的产业情况进行了累加统计，具体见表6-7。从表中可以看出，就京津冀地区总体来看，生产总值中第三产业所占比例最大，超过了50%，可以说是占据了京津冀地区总产值的半壁江山；其次是第二产业产值，为总产值的41.1%。按行业划分，排在前三位的分别是工业、批发零售业、金融业。尤其是工业，产值所占比例高达36.3%，是京津冀地区总产值增长的最大贡献者。

表6-7　　2014年京津冀地区生产总值及其构成

指标	绝对值（亿元）	比重（%）
按产业划分		
第一产业	3808.00	5.7
第二产业	27323.80	41.1
第三产业	35347.20	53.2
按行业划分		
工业	24160.89	36.3
建筑业	3292.62	5.0
交通运输、仓储、邮政业	4191.39	6.3
农业	3939.33	5.9
金融业	5980.83	9.0
批发零售业	6711.10	10.1
住宿餐饮业	1021.91	1.5
房地产业	3007.78	4.5

资料来源：北京市统计局、天津市统计局、河北省统计局。

（二）京津冀地区的消费特征

通过对2014年京津冀地区城镇居民的消费构成进行分析，可以看出，2014年京津冀地区城镇居民支出位于前三位的分别是食品烟酒支出、居住支出、交通和通信支出。其中，食品烟酒支出和居住支出两项已经占据居民总支出的53.4%，由此可见，基本的衣食住行依旧是居民最主要的支出项目。详细数据参见表6-8。

表6-8　　2014年京津冀地区城镇居民消费构成

支出项目	支出金额（元）	比重（%）
食品烟酒	20316.8	27.4
衣着支出	6072.4	8.2
居住支出	19294.8	26.0
生活用品及服务支出	4675.6	6.3
交通和通信支出	9419.4	12.7
教育、文化、娱乐支出	7214.9	9.7

续表

支出项目	支出金额（元）	比重（%）
医疗保健支出	5069.5	6.8
其他用品及服务	2154.5	2.9

资料来源：北京市统计局、天津市统计局、河北省统计局。

第二节　京津冀经济辐射区的产业与消费特征

一　中国与东北亚国家的贸易与投资分析

东北亚是指亚洲东北部地区，主要包括蒙古国、朝鲜、俄罗斯、韩国、日本。随着全球化的发展以及中国"一带一路"倡议的推进，作为中国的邻国，东北亚各国与中国的贸易及投资往来越来越密切。

（一）贸易进出口状况

据统计，2005年以来中国与东北亚地区的进出口贸易总额总体上呈现增长趋势（见图6-1）。从具体的国别情况来看，日本与中国的双边贸易居于第一位，韩国仅次于日本，位居第二。2011—2015年中国与东北亚各国进出口贸易额情况参见表6-9。

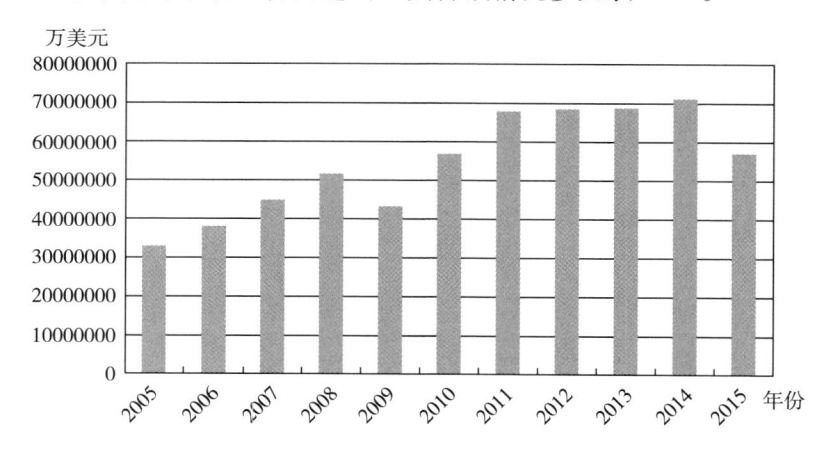

图6-1　中国与东北亚国家进出口贸易情况

资料来源：《中国统计年鉴》（2005—2015）。

表 6-9 2011—2015 年中国与东北亚各国进出口贸易额情况

单位：万美元

年份 国家	2011	2012	2013	2014	2015
韩国	24562635	25641529	27423771	29044222	22737700
日本	34283401	32945578	31237785	31231185	26986000
俄罗斯	7927339	8821099	8925900	9527045	6355000
蒙古国	643271	660121	595914	731847	535100
朝鲜	564149	603616	655757	638758	543400
合计	67980795	68671943	68839127	71173057	57157200

资料来源：《中国统计年鉴》（2011—2015）。

（二）直接投资情况

根据国家商务部官网等的统计，2016 年 1—8 月在直接投资前十位的国家和地区中，有两个位于东北亚地区，其中，韩国占据第三位，日本占据第七位。详细情况参见图 6-2。

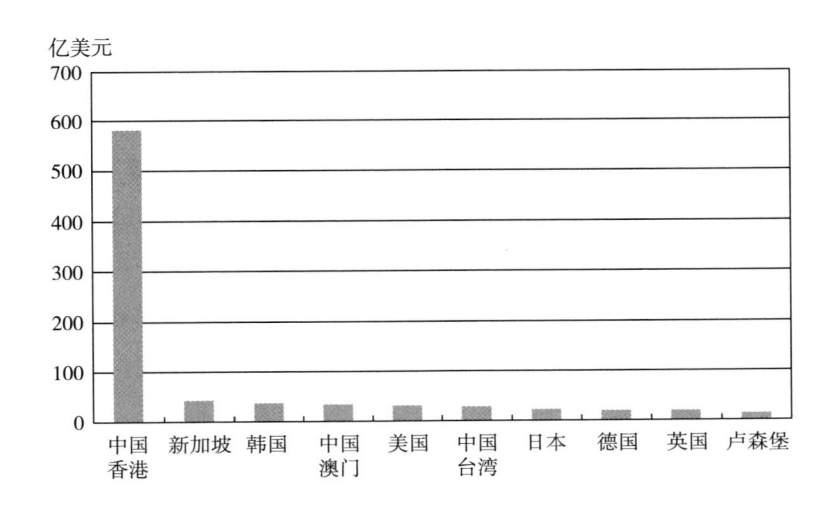

图 6-2 2016 年 1—8 月直接投资情况

资料来源：国家商务部官网、国别报告。

（三）主要进出口商品类别

根据中国商务部官网的统计，中国与韩国、朝鲜、日本、蒙古国、俄罗斯商品贸易的主要类别如表6-10所示。

表6-10　　东北亚国家与中国的主要进出口商品

国家	进出口商品
韩国	保健品、美容产品、医疗产品、家具用品、玻璃器具、电子产品等
朝鲜	煤炭、铁矿石、玉米、石油等
日本	发动机、汽车、美容保健产品、家具、摩托车、电子产品、建材等
蒙古国	厨房用具、童装、建材、浴池用具、家具等
俄罗斯	矿产品、木制品，以及机电产品等

资料来源：国家商务部官网。

二　京津冀地区的对外贸易与投资分析

京津冀作为中国经济相对发达的地区，在全国进出口贸易与吸引外资方面具有重要的地位。

（一）京津冀地区进出口贸易的总体情况

京津冀地区在全国进出口贸易中具有重要影响，特别是与中国东南沿海以及中西部省市相比，京津冀地区与东北亚国家距离较近，在与东北亚国家的进出口贸易中具有更多的比较优势。图6-3和图6-4分别列出了京津冀地区进出口贸易的整体状况以及京津冀与东北亚国家的进出口贸易状况。

根据图6-3可知，在京津冀地区，北京的进出口贸易额稳居首位。作为一个国际化大都市，北京无论是在商品类进出口贸易还是旅游、文化等服务类贸易方面，均具有非常明显的比较优势。居于进出口贸易额第二位的是天津，河北省贸易总额在三个地区中一直处于较低的状态。

从图6-4中可以看出，天津、河北与东北亚国家的贸易额总体呈现增长趋势，北京2005—2011年呈现较快增长态势，但是2011

第六章 京津冀会展业协同发展的产业选择 | 143

年以后出现了较大幅度的下滑，但是在京津冀与东北亚的贸易总额中依旧居于首位。

此外，根据京津冀地区的数据统计分析，在商品类贸易中，进出口贸易额居于前列的产品类别分别是矿产品、机电、音像设备及其零件、车辆、航空器等运输设备、化学产品。其中，最为显著的是矿产品，其进出口贸易额一直处于遥遥领先的位置。

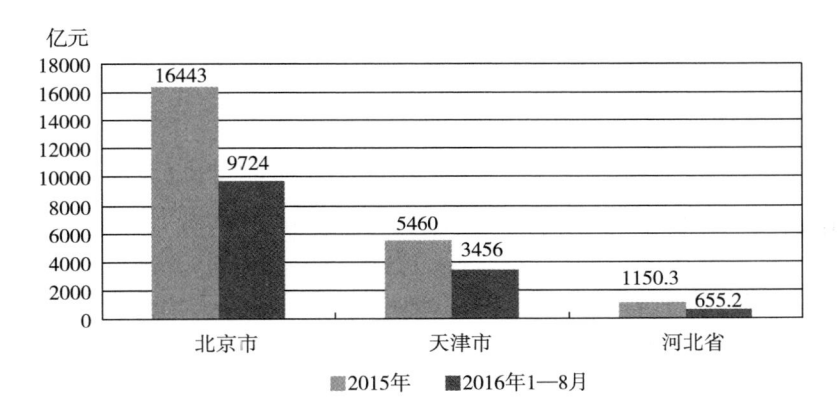

图6-3 京津冀地区进出口贸易总额

资料来源：《河北经济年鉴（2015）》、北京海关官网、天津海关官网、石家庄海关官网。

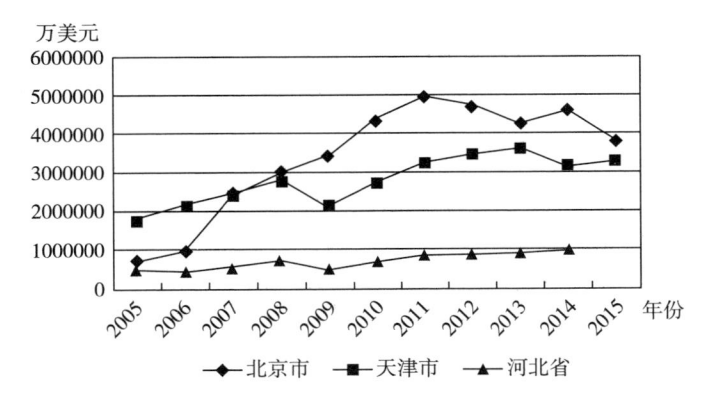

图6-4 京津冀地区与东北亚国家进出口贸易总额

资料来源：《北京统计年鉴》（2006—2015）、《天津统计年鉴》（2006—2015）、《河北经济年鉴》（2006—2015）、北京市和天津市2015年的国民经济和社会发展统计公报。

(二) 京津冀地区的服务贸易发展状况

服务贸易是指国与国之间互相提供服务的经济交换活动，最常见的就是国际运输、国际旅游、建筑和工程承包等劳务输出。2016年2月，国务院印发的《关于同意开展服务贸易创新发展试点的批复》中，明确表达了我国对服务贸易未来发展的高度重视。

在京津冀地区，北京与天津是我国传统的经济和文化重镇，是第三产业相对发达的地区。其中，2015年北京市第三产业增加值占全市生产总值的比重为79.8%，天津市第三产业增加值占全市生产总值的比重为52%。京津地区优越的文化资源以及相对发达的服务业，为服务贸易的发展奠定了良好的基础。以北京为例，2005—2015年，北京市服务贸易总额除2009年有所回落以外，一直呈现出稳定增长的态势，2012年之后已经突破1000亿美元。此外，在北京服务贸易额中处于前几位的分别是国际运输、国际旅游、咨询、劳务输出，其中，国际运输近十年来一直居于首位。北京市2005年以来服务贸易的发展情况可参见图6-5。

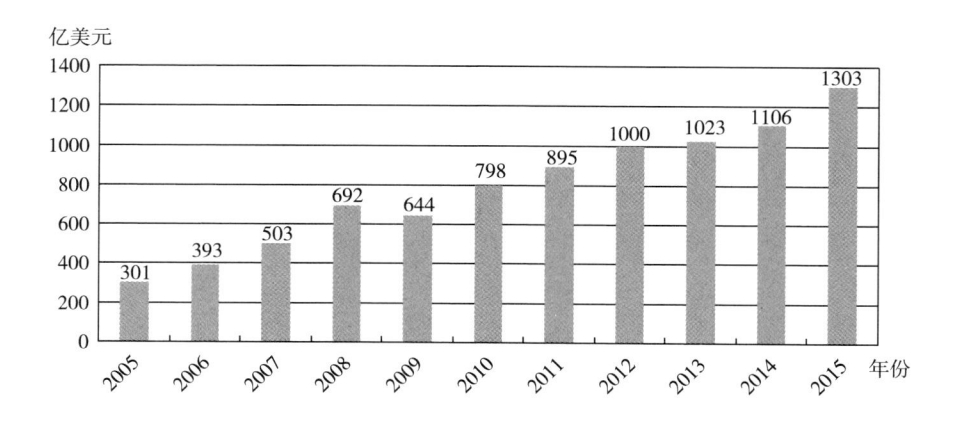

图6-5　2005年以来北京市服务贸易的发展情况

资料来源：北京市2015年国民经济和社会发展统计公报、《北京统计年鉴》(2006—2015)。

第六章 京津冀会展业协同发展的产业选择

旅游业作为国际服务贸易中的重要组成部分，在京津冀地区的经济发展中具有非常重要的地位。图6-6显示了2005年以来京津冀地区入境旅游人次及其增长变化情况。从图中可以看出，自2005年以来京津冀地区的入境旅游人次总体呈现上升的趋势。其中，北京市旅游人次在三个地区中占据最高的比例，其次是天津，然后是河北。

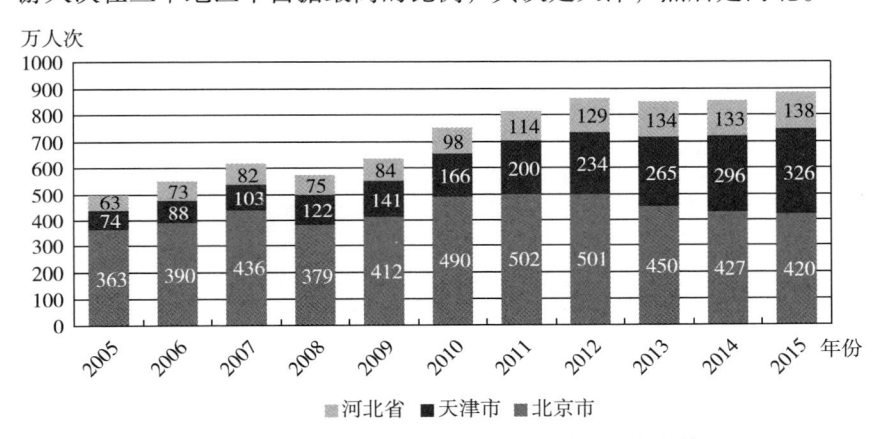

图6-6 京津冀地区入境旅游人次及其增长变化情况

资料来源：《河北经济年鉴（2015）》。

除此之外，从京津冀地区的国际客源构成来看，根据2005—2014年的相关统计，东北亚地区旅游人次占京津冀地区入境旅游总人次的比重在2011年之前大约是25%，而且比重相对稳定；但是自2011年以来，东北亚地区来京津冀旅游的人次无论是绝对数还是相对数都有所下滑。具体参见表6-11。

表6-11   2005—2014年东北亚地区在京津冀旅游的人次及比重   单位：万人次，%

年份 指标	2005	2006	2007	2008	2009	2010	2011	2012	2013	2014
入境总人次	500	551	621	576	638	754	816	864	849	857
东北亚入境人次	142	153	173	144	152	184	196	181	156	154
比重	28.4	27.8	27.9	25.0	23.8	24.4	16.0	20.9	18.4	17.9

资料来源：《北京统计年鉴》（2006—2015）、《天津统计年鉴》（2006—2015）、《河北经济年鉴》（2006—2015）。

（三）京津冀地区外商直接投资情况

京津冀作为中国经济重镇，工业基础雄厚，长期以来一直是中国吸引外资的重要区域。图 6-7 显示了 2005 年以来京津冀地区外商直接投资的情况。从图中可以看出，2005—2014 年，外商对京津冀地区的直接投资呈现出持续、稳定上升的趋势，外资对拉动京津冀地区的经济增长发挥了非常重要的作用。

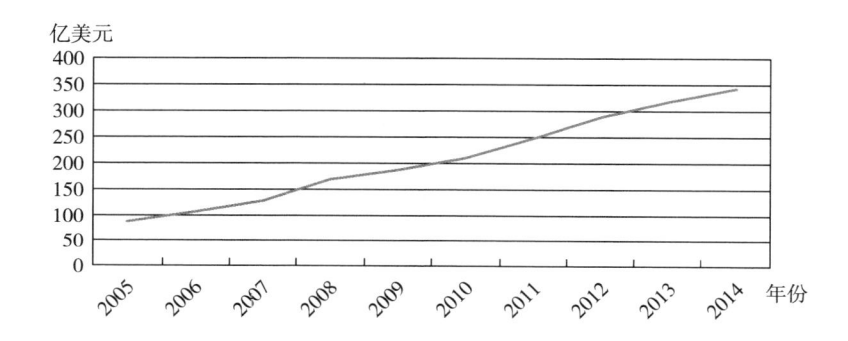

图 6-7　2005—2014 年京津冀地区外商直接投资的情况

资料来源：《河北经济年鉴》（2006—2015）。

此外，从京津冀地区不同省市吸引外资的情况来看，河北省一直处于弱势。2007 年以前，北京与天津吸引外资的规模处于持平状态，但是 2007 年以后天津吸引外资的规模迅速攀升，逐步拉开了与北京的距离。具体参见图 6-8。

三　中国北方主要省区的产业与消费特征

（一）北方主要省区的产业结构

对北方地区主要产业结构进行分析，可以看出，北方地区七个主要省份中，第二、第三产业所占比重较高。除黑龙江以外，第二产业产值比重都高于 40%，其中，内蒙古和吉林第二产业产值占比已经超过 50%。从各个省份的第三产业来看，黑龙江和山西第三产业产值占比均超过 50%。从增长速度来看，第三产业产值增长速度均高于第一、第二产业。值得注意的是，2015 年辽宁省和山西省的

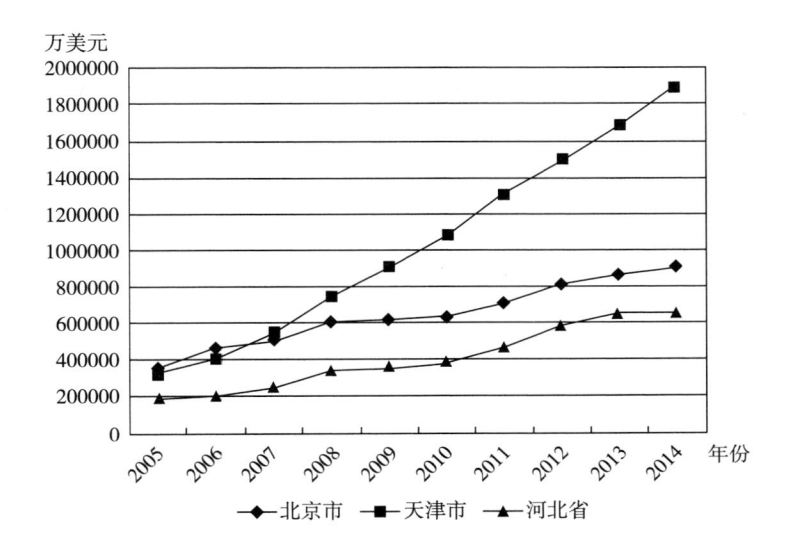

图 6-8　京津冀三地外商直接投资比较

资料来源：《北京统计年鉴》（2006—2015）、《天津统计年鉴》（2006—2015）、《河北经济年鉴》（2006—2015）。

第二产业都出现了负增长。根据表 6-12 中的数据统计，北方七个主要省份中，第一、第二、第三产业的产值占比分别为 9.6%、46.4%、44.0%，总体来看，产值贡献最大的是第二产业。2015 年北方各省区三次产业具体产值可参见表 6-12。

表 6-12　　　　　　2015 年北方各省区三次产业产值

省份	绝对值（亿元）	比上年增长（%）	比重（%）
第一产业			
山东	4979.1	4.1	7.9
河南	4209.6	4.4	11.4
内蒙古	1618.7	3.0	9.0
辽宁	2384.0	3.8	8.3
吉林	1596.3	4.7	11.2
黑龙江	2663.5	5.2	17.6
山西	788.1	1.0	6.2

续表

省份	绝对值（亿元）	比上年增长（%）	比重（%）
第二产业			
山东	29485.9	7.4	46.8
河南	18189.4	8.0	49.2
内蒙古	9200.6	8.0	51.0
辽宁	13382.6	-0.2	46.6
吉林	7337.1	5.6	51.4
黑龙江	4798.1	1.4	31.8
山西	5224.3	-1.1	40.8
第三产业			
山东	28537.4	9.6	45.3
河南	14611.3	10.5	39.5
内蒙古	7213.5	8.1	40.0
辽宁	12976.8	7.1	45.1
吉林	5340.8	8.3	37.4
黑龙江	7652.1	10.4	50.6
山西	6790.2	9.8	53.0

资料来源：2015年北方各省区国民经济和社会发展统计公报。

（二）北方主要省区的重点行业发展状况

从表6-13中的数据可知，在北方主要省区的八大行业中，产值占据前三位的分别是工业、农业、批发零售业，占比分别是50.5%、12.1%、11.9%。其中，工业产值占八项主要产业总产值的50%以上，是北方地区的支柱产业。各行业的具体产值可参见表6-13。

表6-13　　　2014年北方各省份按行业划分的产值构成　　单位：亿元

行业＼省份	山东	河南	内蒙古	辽宁	吉林	黑龙江	合计
工业	25340.9	15809.1	7904.4	12656.8	6424.9	4783.9	72920.0
建筑业	3534.5	2077.2	1217.6	1875.7	891.4	845.2	10441.6
交通运输、仓储和邮政业	2326.3	1676.5	1313.7	1488.9	518.1	683.1	8006.6

续表

行业＼省份	山东	河南	内蒙古	辽宁	吉林	黑龙江	合计
农业	4992.9	4261.5	1627.9	2403.2	1570.0	2659.6	17515.1
金融业	2709.7	1509.2	724.2	1482.2	465.0	707.5	7597.8
批发零售业	7826.5	2278.5	1756.9	2653.7	1059.7	1585.0	17160.3
住宿餐饮业	1112.2	998.4	569.3	568.8	283.8	438.8	3971.3
房地产业	2526.2	1541.8	443.0	1145.7	432.9	581.3	6670.9

资料来源：2014年各省区统计年鉴及各省区国民经济和社会发展统计公报。

（三）北方各省区的消费特征

通过对2014年北方几个主要省区的分析可知，在八项主要消费支出中，占据前三位的分别是食品烟酒、居住支出、交通通信，三类支出分别占比28.34%、20.02%、12.69%。由此可见，食、住、行等基本生活消费是北方地区居民最主要的消费支出。具体数据参见表6-14。

表6-14　2014年中国北方各省区居民人均消费支出构成　　单位：元

指标＼省份	山东	河南	山西	内蒙古	辽宁	吉林	黑龙江	合计
食品烟酒	3932.3	3202.4	2940.5	4746.4	4554.8	3531.6	3537.9	26445.9
衣着支出	1168.9	1111.8	1084.9	1688.0	1477.8	1228.9	1292.8	9053.0
居住支出	2825.8	2208.6	2198.8	2795.2	3400.5	2561.3	2689.6	18679.8
生活用品及服务	993.6	875.1	619.4	1008.9	918.7	689.5	670.9	5776.1
交通通信	1821.9	1225.5	1214.7	2405.1	1949.7	1636.3	1588.4	11841.6
教育、文化、娱乐	1303.0	1160.8	1484.6	1813.2	1834.4	1550.8	1406.8	10553.6
医疗保健	989.6	929.0	1008.6	1319.7	1419.2	1458.0	1258.3	8382.4
其他用品服务	293.7	287.1	312.4	481.5	512.9	369.6	324.1	2581.3

资料来源：《中国统计年鉴（2015）》。

（四）中国北方地区主要城市的优势产业

由于资源状况、历史传统等方面的差异，我国北方城市在优势产业方面各有千秋。一些主要城市的优势产业参见表6-15。

表6-15　　　　　　北方地区主要城市的优势产业

城市	优势产业	城市	优势产业
天津	海洋化工	石家庄	重工业
唐山	重工业	徐州	煤炭
开滦	煤炭工业	邯郸	钢铁工业
秦皇岛	煤炭港口	郑州	轻纺工业
长春	汽车制造业	大连	化工与造船工业
沈阳	机械工业、铁路	鞍山	钢铁工业
哈尔滨	电机制造业	青岛	石油加工、纺织、机械

资料来源：北方各市统计局信息网、各市政府官网。

第三节　京津冀地区展览会行业分布现状

展览会作为一种投资与贸易平台，其自身的发展与区域经济的特征息息相关。展览业不是一种脱离于区域经济的"独立产业"，而是受到区域投资、贸易、消费等多种经济因素的影响。分析京津冀地区展览业的行业分布，有助于从实证的角度考察哪些展览会适合在本区域成长，也有助于通过与区域经济特征的对比，发现新的增长机遇。

一　北京市展览会的行业特征

根据北京市主要展览场馆官方网站公布的展览会信息，课题组对2013—2015年北京举办的展览会进行了分类统计，如表6-16所示。从表中可以看出，在这三年北京市举办的展览会中，工业/机械/加工类展览会和首饰/珠宝/美容类展览会的数量占据主导地位。其中，全国农业展览馆是珠宝、玉石、首饰展览会的主要举办地；中国国际展览中心(新馆)和中国国际展览中心(静安庄馆)举办的机械加工工艺类展览会较多。除此之外,文化/艺术/体育类展览会所占比例较高,2014年该类展览会所占比例高达10.3%,居第二位。有所不同的是,2013年家居/家电/日用品类展览会和教育/培训/招聘类展览会所占比例较高,分别位列第二和第三。具体而言,家居/家电/日用品类展览会中,以家居和日常消费品展览会数量居多;教育/培训/招聘类展览会中,以不同规模的招聘会数量居多。

表6-16 2013—2015年北京市主要展览场馆展览会类型统计

序号	2015年 展览会类型	占比(%)	2014年 展览会类型	占比(%)	2013年 展览会类型	占比(%)
1	化工/能源/环保	10.9	工业/机械/加工	11.2	首饰/珠宝/美容	12.5
2	工业/机械/加工	10.4	文化/艺术/体育	10.3	家居/家电/日用品	12.0
3	首饰/珠宝/美容	9.5	首饰/珠宝/美容	9.8	教育/培训/招聘	12.0
4	文化/艺术/体育	8.6	贸易/服务/旅游	9.4	文化/艺术/体育	11.2
5	食品/饮料/酒	8.2	化工/能源/环保	8.6	工业/机械/加工	8.4
6	汽车/交通/物流	7.7	教育/培训/招聘	7.3	化工/能源/环保	6.5
7	建筑/装潢/五金	7.3	通信/IT/电子	6.0	贸易/服务/旅游	6.5
8	家居/家电/日用品	6.4	汽车/交通/物流	5.6	食品/饮料/酒	5.6
9	金融/财经/会计	5.4	建筑/装潢/五金	5.1	汽车/交通/物流	4.7
10	通信/IT/电子	4.5	食品/饮料/酒	3.8	通信/IT/电子	4.7
十大类合计(%)	78.9	—	77.1	—	84.1	

资料来源:北京展览馆官网(www.bjexpo.com)、中国农业展览馆官网(www.ciae.com.cn)、中国国际展览中心官网(www.ciec-expo.com)、国家会议中心官网(www.cnccchina.com)。

二 天津市展览会的行业特征

根据天津市主要展览场馆官方网站公布的展览会信息,课题组对2013—2015年天津举办的展览会进行了分类统计,结果如表6-17所示。总体而言,天津市举办的展览会所属行业类型较为集中,十大类展览会数量之和分别占当年主要展馆所有展览会数量的90.1%、88.3%和96.4%。具体而言，教育/培训/招聘和展示会/发布会类型的活动所占数量最多，连续三年位居前两名。由各展馆官方网站发布的展览会信息获知，天津国际展览中心举办的"国展中小企业展示会"和天津滨海国际会展中心举办的"中高端小规模专场招聘会"举办频率较高，每年举办的此类展览会数量有20—30场。除此之外，各类展销会、贸易展览会和日用消费品展览会所占比例较高，相比北京而言，工业/机械/加工和化工/能源/环保类展览会数量较少，所占比例远远低于以上各类。

表6–17　2013—2015年天津市主要展览场馆展览会类型统计

序号	2015年		2014年		2013年	
	展览会类型	占比（%）	展览会类型	占比（%）	展览会类型	占比（%）
1	教育/培训/招聘	25.6	展示会/发布会	18.3	展示会/发布会	21.4
2	展示会/发布会	17.1	教育/培训/招聘	14.7	教育/培训/招聘	15.4
3	家居/家电/日用品	9.4	家居/家电/日用品	13.6	贸易/服务/旅游	15.4
4	工业/机械/加工	9.4	贸易/服务/旅游	10.6	文化/艺术/体育	8.0
5	首饰/美容/珠宝	8.5	首饰/美容/珠宝	8.2	汽车/交通/物流	6.7
6	贸易/服务/旅游	8.5	文化/艺术/体育	6.5	工业/机械/加工	6.7
7	文化/艺术/体育	5.1	汽车/交通/物流	5.9	化工/能源/环保	4.6
8	食品/饮料/酒	5.1	化工/能源/环保	4.1	建筑/装潢/五金	4.6
9	汽车/交通/物流	5.1	工业/机械/加工	3.5	首饰/美容/珠宝	4.0
10	化工/能源/环保	2.6	食品/饮料/酒	2.9	家居/家电/日用品	3.3
十大类合计（%）		96.4		88.3		90.1

资料来源：天津国际展览中心官网（www.tjexh.com）、天津滨海国际会展中心官网（www.bicec.com.cn）、天津梅江会展中心官网（www.mjcec.com）。

三　河北省展览会的行业特征

由于河北省各展览场馆对外公布的信息数据不完整，课题组根据 E 展网（www.eshow365.com）列出的 2013—2015 年河北省展览会的信息进行了分类统计，结果如表 6-18 所示。总体而言，化工/能源/环保类展览会和农业/渔业/畜牧业展览会所占比例较高，连续三年位居前三。具体而言，环保题材、节能产品、新能源和农产品展销会数量较多，这与河北省作为传统的农业大省和化工及能源大省有较大的关联。除此之外，工业/机械/加工类展览会和文化/艺术/体育类展览会所占比例也相对较高。与北京、天津不同的是，河北省举办的首饰/珠宝/美容类展览会的数量较少。

表 6-18　2013—2015 年河北省主要展览场馆展览会类型统计

序号	2015 年 展览会类型	占比（%）	2014 年 展览会类型	占比（%）	2013 年 展览会类型	占比（%）
1	农业/渔业/畜牧	15.4	农业/渔业/畜牧	14.7	化工/能源/环保	15.5
2	化工/能源/环保	12.8	工业/机械/加工	11.8	农业/渔业/畜牧	13.3
3	汽车/交通/物流	12.8	化工/能源/环保	11.7	贸易/服务/旅游	11.6
4	工业/机械/加工	10.2	文化/艺术/体育	11.7	文化/艺术/体育	10.8
5	食品/饮料/酒	10.2	家居/家电/日用品	8.8	食品/饮料/酒	9.3
6	家居/家电/日用品	7.6	食品/饮料/酒	8.5	工业/机械/加工	8.9
7	首饰/珠宝/美容	7.6	汽车/交通/物流	7.8	汽车/交通/物流	7.8
8	贸易/服务/旅游	7.4	贸易/服务/旅游	7.2	家居/家电/日用品	5.4
9	文化/艺术/体育	5.1	建筑/装潢/五金	5.9	首饰/珠宝/美容	3.3
10	通信/IT/电子	2.5	首饰/珠宝/美容	2.9	建筑/装潢/五金	2.3
十大类合计（%）	91.6	—	91.0	—	88.2	

资料来源：根据 E 展网（www.eshow365.com）列出的展览会信息统计而得。

从河北省各地市的具体情况来看，除了举办常规行业的展览会之外，不少地市还有自己独特的展览会品牌。例如，唐山充分发挥陶瓷资源优势，培育出了知名的陶瓷博览会，到目前已经成功举办了 19 届；为搭建农产品交易平台，廊坊市已经成功举办了 20 届农产品交易会。

总体来看，京津冀地区现有展览会行业类型比较集中，重要的展览会类别主要表现在四个方面：一是工业领域的"化工/能源/环保""工业/机械/加工"比较集中；二是社会文化领域的"教育/培训/招聘""文化/艺术/体育"较为集中；三是消费领域的"家居/家电/日用品""首饰/珠宝/美容"较为集中；四是农业领域的"农业/渔业/畜牧"较为集中。除此之外，就是各种常规性的展览会，如"建筑/装潢/五金""贸易/服务/旅游""食品/饮料/酒"以及"汽车/交通/物流"等。

从京津冀地区举办的展览会类型可以看出，这些展览会从总体上与当地的产业与消费状况紧密相关。例如，北京作为中国的首都，教育、科研、文化艺术等方面的资源得天独厚，所以"教育/培训/招聘"以及"文化/艺术/体育"展览会已经有了较好的发展；又如，天津是中国传统的工业重镇，河北是化工、能源大省，所以"化工/能源/环保"和"工业/机械/加工"类展览会在京津冀地区同样具有较好的基础；此外，河北作为农业大省，"农业/渔业/畜牧"类型的展览会也具有较大的发展空间。

当然，由于基础设施、场馆资源等方面的制约，京津冀地区的展览会并没有按照各自区域的产业及消费状况而"均匀分布"，很多依托京津冀地区产业优势而成长起来的展览会资源最终流向了北京。换句话说，北京能够成为中国北方地区最重要的展览中心城市，并不仅仅是依托自身的产业和消费，而是依托京津冀地区甚至是全国资源的支撑。

第七章 京津冀会展业战略布局与协同发展构架

第一节 京津冀会展业的战略构想

会展业作为一种促进投资、贸易等社会经济综合发展的重要平台，在国家战略层面已经上升为战略性先导产业。会展业是反映区域经济增长状况和产业结构、消费热点等方面的"晴雨表"，同时也是促进产业升级、创造消费热点、引领经济增长的助推器。因此，京津冀会展业的战略规划，必须从服务京津冀协同发展的大局，做出有前瞻性的规划安排。

一　京津冀会展业的战略定位

从会展业的核心功能出发，京津冀会展业在战略定位中需要明确突出两点：（1）从京津冀区域内部来看，会展业应成为促进京津冀投资与贸易协同发展的战略先导产业；（2）从京津冀地区的未来经济辐射能力来看，京津冀会展业应成为促进中国"大北方地区"经济可持续发展的战略先导产业。

为更好地实现这一功能定位，京津冀的会展业需要做到如下三个适应。

第一，京津冀会展业的总体规模既要与京津冀地区的经济总量相适应，又要满足中国大北方地区的经济增长需要，同时要适应中国与东北亚国家的投资与贸易需要。

第二，京津冀展览会的行业类型既要与京津冀地区的未来发展重点和产业布局相适应，又要体现中国大北方地区的产业和产品优势，同时还要考虑到中国与东北亚国家的投资与贸易热点。

第三，京津冀会展业的发展方向既要为京津冀协同发展和中国大北方经济增长提供高效率的投资和贸易平台，同时更要为京津冀协同发展和中国大北方经济增长提供资金、信息、技术、理念等方面的引领，真正实现会展业"依赖产业、服务产业、引领产业"的发展目标。

二　京津冀会展业的战略目标

从京津冀会展业所服务和辐射的经济范围来看，经过未来十余年左右的时间，京津冀不仅要成为中国大北方地区会展业最具活力的区域，而且要成为整个东北亚地区最具影响的会展产业集聚地，使京津冀地区在展览会数量、展出面积、行业产值、场馆面积等核心数据方面成为仅次于长三角地区的第二梯队，从而在全国的会展业布局中，实现以长三角为主体、以珠三角和京津冀为两翼的优势区域布局。

第二节　京津冀会展业协同发展的构架设计

从会展业的自身规律出发，本书认为京津冀会展业的协同发展需要在宏观构架设计上做到如下九个方面的协同。

一　政府管理的协同发展

会展业对公共服务的依赖度高，而很多公共服务的提供通常需要政府部门的协调。从很多会展业相对发达的国家和地区的发展经验中可以看到，政府的宏观管理在推动会展产业的发展中发挥了非常重要的作用。为此，建议成立京津冀会展业发展领导小组，统筹管理整个地区会展业的协同发展，定期研究和协调区域内会展业发展中的重大事项，负责制定京津冀区域会展业的中长期发展规划，对会展业发展提供协同性的政策支持，积极引进国际国内知名品牌展会，扶持和打造地方品牌展会，负责建立科学、系统的会展业统计体系，定期发布会展业成果和信息等。应建立由贸促会、商务、工商、质监、外事、交通运输、城乡建设、卫生、消防、宣传、海关、公安、边防、知识产权等相关部门参加的联席会议制度，加强对大型会展活动的协调力度。

二 宏观政策的协同制定

产业政策是引导产业发展、优化产业结构的重要工具，通常情况下，一方面通过产业规划的途径来体现政策导向和发展目标，另一方面通过土地、资金、税收、人才等具体政策工具引导企业的投资和经营行为。所以，京津冀地区会展政策的协同制定，一方面需要从产业规划着手，另一方面要做到具体政策的协同。

（一）协同会展产业规划

产业规划是指导区域产业发展的纲领性文件，会展业作为一种服务于投资与贸易的战略性先导产业，其产业规划需要做到科学合理和内部协同。从京津冀近年来出台的产业规划来看，虽然北京市出台过《北京市"十二五"时期会展业发展规划》，河北出台过《河北省会展业"十二五"发展规划》等多个规划文件，但是这些已经出台的文件目前都是站在区域分割的视角。在过去京津冀行政分割的背景下，这些规划可能有其合理的背景，但是在京津冀协同发展这一新的战略背景下，这些规划不仅没有兼顾到整体利益，而且有可能造成新的市场分割和内部竞争。为此，建议在京津冀协同发展的总体纲要框架下，由三地商务部门联手牵头，对京津冀会展业协同发展做出统一规划。

（二）产业政策的协同发展

如前所述，产业政策是政府规范和发展会展产业的重要手段，产业政策的宏观导向将直接影响微观企业的投资和经营行为。会展产业具有较强的外部经济性，既能够有效拉动主办城市的餐饮、住宿、交通、购物等服务领域，又能给所展示的行业带来资金、技术、市场等多方面的有用信息。所以，即使高度市场化的国家，如英国、美国、德国等，均采取了很多措施支持会展业的发展。我国是一个政府在经济领域扮演重要角色的社会主义市场经济国家，政府近年来对会展业的发展更是给予了巨大支持。研究发现，在过去的十余年间，京津冀三地政府均出台过一系列政策措施，规范和支持会展业的发展。具体情况如下。

1. 北京。2000 年以来，北京市以及顺义、东城、朝阳、昌平等下辖地区累计出台了十余项政策文件，一方面从税收减免、财政补贴等方面给予会展业资金支持，另一方面从安全管理、知识产权保护等方面对会展业的发展加以规范。例如，北京市商务委员会 2012 年发布的《关于促进北京市商业会展业发展的通知》指出，为鼓励引进具有国际影响力的展会，对新引进的国际展会，如果满足每届展览面积不低于 3 万平方米、每届展览参展商不低于 500 家，其中国际参展商（含中国台、港、澳地区）租用展览面积占总展览面积的比例不低于 30%，在京办展的前三届，每届给予主办方不超过 50% 的场租费用支持，最高不超过 500 万元。这一举措对引进有影响力的展会起到了较为明显的促进作用。

2. 河北。与北京一样，河北省也出台了一系列优惠措施促进会展业的快速发展。例如，河北省规定对注册资金在 500 万元以上的新办会展企业，自开办之日起两年内企业所得税实行全额返还；实施会展场馆在项目审批、用电、用水、用气价格等方面享受公共服务设施的政策。

3. 天津。天津市在 2011 年出台了《天津市促进会展业发展办法》，其中的重点是设立会展业发展专项基金，对会展项目、会展企业、会展场馆和相关配套服务机构的发展，对会展人才的培养和引进，对会展宣传和招商推介等进行专项资金扶持。例如，该办法第二十五条规定天津市和各区县人民政府对举办国际性、全国性或者大型会展，对设立会展企业总部或者地区总部，对投资大型会展场馆建设等，均会给予相应支持；第三十三条提出鼓励发展会展信息技术服务、展台搭建、广告、策划、物流等配套服务，对本市重点发展的会展配套服务机构给予支持。

综上所述,京津冀三地都非常重视会展业的发展,近年来分别出台了一系列政策措施鼓励和规范会展业的发展。毋庸置疑,这些措施在提升各自会展业竞争力方面发挥了重要作用,但是这些政策绝大多数是站在本地区的视角下制定的,在促进本地会展业发展的同时,也在一定程度上引发了京津冀三地会展业的内部竞争,不但没有协同发挥作用,有时还破坏了市场秩序。所以,在京津冀协同发展的大背景下,三地需要加强会展业促进政策的磋商,站在京津冀协同发展的视角,出台共同的会展业对外政策,这样一方面可以提升京津冀地区的整体竞争力,另一方面有利于减少京津冀三地之间的政策竞争。

可喜的是,在京津冀协同发展的总体布局下,三地在会展业协同发展方面已经进行了一些有益的探索,主要表现在:(1) 2013 年 6 月天津市人民政府办公厅印发的《落实北京市天津市关于加强经济与社会发展合作协议工作分工方案》中强调,要推进文化旅游会展融合发展,其中的第十八条提出,天津将积极组团参加北京的"文博会""京交会""中国老字号展"和"北京国际旅游节"等展会活动,北京也将组团参加天津的"津洽会""融洽会""旅游产业博览会"和"职业技能大赛"等展会。而且还计划整合双方资源,共同举办一个大型会展活动,定期在两个城市轮流举办。(2) 2014 年 8 月,京津两市在北京签署的《贯彻落实京津冀协同发展重大国家战略推进实施重点工作协议》中强调,加强两市的会展合作,双方充分发挥自身会展资源优势,积极组团参加对方的品牌展会,形成各具特色、互为补充、协调发展的格局;双方深入推进会展规划、会展政策研究、会展品牌建设及会展人才培养等方面合作,支持北京知名会展企业到天津发展,共同提升会展业发展水平。(3) 2014 年 9 月京津冀三省市签署的"商务行动方案"中强调,要加强开放型经济合作,构建会展合作平台。借助中国(北京)国际服务贸易交易会(京交会)、中国·天津投资贸易洽谈会(津洽会)、中国·廊坊国际经济贸易洽谈会（廊洽会）等载体，整合三地会展资源，错位发展，共同培育具有国际影响力的品牌展会，为三地服务贸易、货物贸易发展和项目投资合作创造更加便利的环境。这些探索虽然依旧处于较为初级的合作阶段，但是为进一步制定协同性的产业政策奠定了良好的基础。

三　展览场馆布局的协同发展

会展场馆是举办会展活动的核心载体，场馆规模、软硬件设施等基础条件对会展业的发展具有重要影响。近年来京津冀地区会展业的下滑，纵然有政府扶持力度不够、公共服务水平不高、产业基础不牢等多方面的原因，但毋庸置疑的是，展览场馆规模不够、功能陈旧已经成为制约该地区会展业发展的严重短板。以中国国际汽车商品交易会（CIAPE）为例，该展会过去长期在中国国际展览中心（老馆）举办，由于场地面积制约，2013年的展出面积只有7万平方米，2014年移师上海国家会展中心后，增长迅速，展出面积达到12万平方米，2015年更是突破了18万平方米。而目前京津冀地区面积最大的展馆是中国国际展览中心新馆，室内展览面积为10.68万平方米，已经根本无法满足这些大型展览的场地需求，如果不建设新的场馆，"北展南移"的现象将难以从根本上改观。

事实上，在过去十余年间，为了抓住国家大力发展会展业的良好机遇，京津冀地区通过新建、改建、扩建等多种措施，在场馆建设方面已经取得了重大进展。据统计，目前北京已经拥有9座专业展馆，室内总面积44.79万平方米；天津拥有3座，室内总面积12.9万平方米；河北拥有13座，室内总面积27.55万平方米。遗憾的是，这些展览场馆都是在特定的历史背景下各地方从自身利益出发设计兴建的，普遍存在单体规模小、发展定位雷同、配套设施不全、软硬件落后等多种弊端，不仅没有起到区域协同发展的效应，低水平的重复建设反而导致了区域内部的恶性竞争。资料显示，京津冀地区目前除了中国国际展览中心新馆（10.68万平方米）和石家庄国际会展中心（10万平方米）刚好达到10万平方米的规模外，其他场馆的展览面积绝大部分在 5 万平方米以下。而上海的国家会展中心目前已经建成投入使用的室内展览面积为 40 万平方米，广州的中国进出口商品交易会展馆室内展览面积为 33.80 万平方米，2016 年深圳还在宝安空港新城开建了 50 万平方米的国际会展中心，京津冀地区展览场馆的差距由此可见一斑。

展览中心是举办展览会的核心场地，京津冀地区展览场馆面积、服务设施等无法满足会展业快速发展需要的状况，已经成为制约会展业发展的"短板"。如果在展览中心建设方面不能实现有效突破，不仅将严重制约京津冀地区本地会展业的发展，而且未来可能有更多展览会转移到其他地区举办。如前所述，展览作为一种具有强大"外部经济性"的现代服务业，不仅能够直接拉动举办城市的经济增长，而且有助于提升举办地的区域形象，有助于促进举办地产业结构的调整和培育新的经济增长点。对举办地而言，会展业衰退所造成的损失不仅仅是短期的经济收益，更严重的是可能损失长期的发展机遇。因此，京津冀地区会展业发展面临的种种困境，需要引起相关部门的高度重视。

那么，如何科学规划京津冀地区展览场馆的未来布局呢？本书认为关键需要考虑两大因素：一是从有利于京津冀协同发展的战略布局出发合理选址，让展览场馆成为推动京津冀协同发展的助推器，确保展览场馆成为京津冀协同发展的成果和促进协同发展的平台。二是要依据会展业自身的发展规律，尽力选择区域的对外交通枢纽地段，以确保展览期间的人流和物流畅通。

遵循上述两个基本原则，本书认为在京南机场附近区域建设 40 万平方米左右的大型展览中心，同时配套启动京津冀会展产业园建设，应该是一种较为理想的选择。一方面，该机场地处北京大兴、河北廊坊和天津武清交界处，对京津冀地区的辐射能力强；另一方面，空港经济与会展经济的协同发展有助于形成合力，迅速提升区域竞争力；此外，从会展业自身的发展规律来看，便利的交通能够成为推动会展业发展的有力支撑。

四　行业组织的协同发展

在市场经济框架下，行业组织是整个社会经济体系中的重要组成部分。这些行业组织通常以协会、学会、研究会以及联盟等形式出现，其主要职能通常包括以下四个方面：（1）充当政府与企业的桥梁与纽带，一方面在行业内贯彻落实政府产业政策，另一方面代表行业利益向政府寻求政策支持。（2）收集、整理国内外同业的发展信息，并通过研究加工，为会员单位提供决策参考。（3）研发培训体系和资质要求，对会员提供有针对性的职业培训，全面提升行业从业人员素质。（4）对从业人员和公司法人进行资质与信誉的评估认证，以此优化从业人员结构，提高行业水平。

近年来京津冀地区已经成立了数十家会展行业组织，如中国会展经济研究会、中国展览馆协会、北京国际会议会展业协会、天津会展行业协会、河北省会展业协会等。除此之外，很多与会展业务相关的行业组织中还设置了会展分支机构，如中国国际商会下设了会展委员会，中国国际贸易学会曾经下设过会展专业委员会等。

北京是中国的首都，很多全国性的行业组织总部都设在这里。所以，在京津冀地区成立的会展行业组织中，一部分属于全国性的行业组织，其服务对象主要面向全国，另一部分属于地方性协会组织，主要为本地区服务。从这些行业组织目前的运行情况来看，全国性的会展行业组织相对活跃，其关注的重点不仅仅局限于京津冀地区；京津冀地区虽然各自拥有自己的行业组织，但是其会员主要是本地的企事业单位，彼此之间的功能协同性较差。

如前所述，行业组织是市场经济体系中非常重要的行业服务机构，京津冀地区会展业的协同发展，客观上需要行业组织能够协同运作、有所作为。这种协同运作可以通过三种途径来实现。一是在现有行业组织的基础上，进一步优化组合，创立京津冀地区会展行业协会联盟，通过这种紧密合作的方式来协同各行业协会的行为，从而为京津冀会展业的发展提供更多的支持。二是建立京津冀会展行业协会协商机制，通过定期与不定期的联合协商，来协同三地行业组织的会员服务行为。三是直接成立京津冀地区会展行业协会，并将其培育成京津冀地区最具权威性的行业组织。

京津冀三地行业组织经过联盟、联合与协商，可以从以下四个层面实现会展行业组织的服务协同。①

其一，建立京津冀地区会展业的职业培训体系，制定从业人员资格认证标准，推行从业人员资格认证制度。目前，我国会展业的从业人员大多数是半路出家，业务素质不高，缺乏专业的知识与培训。那么，如何提高从业人员的素质呢？本书认为，根本办法有两种：一是建立筛选机制，二是建立教育培训机制。如同其他行业一样，筛选机制主要通过从业人员资格认证来实现，而教育培训机制主要通过高校的学历教育和协会的职业教育来完成。目前，西方国家已经出现了很多有关会展活动的资格认证体系，而且不少学校与公司已经着手来华寻求合作伙伴，推销会展业从业人员资格认证体系，中外机构在会展业人才培养方面的竞争已经开始。在这种背景下，京津冀地区能否抓住有利时机，及时推出适合本地需求的展会活动培训体系以及从业人员资格认证体系，已经成为京津冀地区提高会展业从业人员素质、占领职业资格认证市场的关键。

其二，建立京津冀地区会展业的法人资质评价体系，对会展企业进行资质与信誉评定。从业人员资格认定只是确保会展业从业人员素质的第一道筛选机制，从现有展会出现的问题来看，对展会品牌、法人资质进行信誉评级同样是确保会展市场秩序的重要环节。从不少参展企业反映的情况来看，由于不了解展会的信誉状况，参加的不少展会没有实质内容，甚至有欺诈行为，严重损害了参展参会主体的利益，也破坏了会展业的行业形象。因此，京津冀地区率先推行会展业法人资质评价制度，像企业信用评级、饭店星级评定一样，对不同会展企业进行客观真实的法人评价，将大大降低会展

---

① 此处参考了刘大可的《中国会展业的中长期政策构架分析》，载刘大可主编《中国会展业：理论、现状与政策》，中国商务出版社2004年版，第155—165页。

业的交易成本，对维护会展业的市场秩序，促进会展业的优胜劣汰，保护会展参与者的利益，将起到积极的促进作用。

其三，建立京津冀地区会展业信息中心，一方面为政府制定会展业宏观调控政策和会展企业制定微观经营决策提供依据，另一方面通过公布会展企业与从业人员的资质状况等措施，为参展参会人员提供决策参考。信息不对称，缺乏权威的信息披露机构，导致会展业中的许多数据资料缺乏真实性，这种状况不仅提高了参展参会单位选择展会的信息成本，而且虚假信息还可能导致其做出错误决策。因此，建立京津冀地区会展业信息中心，通过制度约束，确保信息中心的信誉，树立信息中心的权威，对减少行业运行的信息成本，具有重要意义。信息中心一方面要公布行业发生的重要信息，另一方面要公布会展企业和从业人员的资质状况，在各种参展参会邀请函真假难辨的时候，参展商和买家可以通过简单的网上查询，了解展会活动主办方的资质与信誉状况，从而做出正确决策。

其四，加强京津冀地区会展业的产业发展研究，为会员单位提供有价值的研究报告。目前，京津冀地区会展业的研究成果非常薄弱，做过大量调研、有重大参考意义的研究成果非常少，大量文章只是就某一具体问题而发表的只言片语，既缺乏理论价值，又缺乏实践指导意义。究其原因，一方面是由于会展业资料缺乏，从事会展研究面临困难，另一方面是专业从事会展研究的高素质人员非常少。因此，京津冀地区的协会联盟，应该利用其信息中心的优势，通过与会员单位、从业人员以及专业研究机构的合作，鼓励高素质的研究队伍参与会展研究，推出一系列有影响的科研成果，指导京津冀会展业的发展，提高会展业的政策和决策水平。

五 基础设施的协同发展

会展活动涉及大量的展品物流和参展人员及观众的人员流动，因而京津冀会展业的协同发展，客观上需要在交通基础设施方面做到协同发展，一方面要增加区域对外货物和人员的运力，另一方面要通过打通京津冀区域内部的交通，为京津冀会展业协同发展奠定基础。

第七章 京津冀会展业战略布局与协同发展构架

1. 从对外交通的发展情况来看,京津冀地区不仅目前已经拥有较好的基础和发展的良好前景,而且在对外交通的协同发展方面已经迈出了实质性的步伐。具体表现在以下几方面。

第一,京津冀地区对外交通的发展现状。京津冀地区对外交通的主要方式是航空、海上航运、铁路以及公路运输。由于会展行业的物流以及人员流动主要依靠航空、海上航运以及铁路运输,本书将简要分析京津冀地区在这三方面的发展情况。

(1)铁路方面。北京是全国最大的铁路枢纽,有京广线、京九线、京沪线等众多铁路干线呈辐射状通向全国各地,并且还有通往蒙古国、朝鲜和俄罗斯的国际列车,从而决定了京津冀地区在铁路运输方面具有得天独厚的优势条件。

(2)航空方面。京津冀地区拥有首都机场、北京新机场(在建)、天津机场和石家庄正定机场四个主要机场,机场的综合航运能力位于全国各经济区前列。

(3)港口方面。京津冀地区拥有天津港、秦皇岛港、唐山港以及沧州黄骅港等综合港区。其中,天津港位于京津冀城市群和环渤海经济圈的交会点上,是中国北方最大的综合性港口和重要的对外贸易口岸,同时也是世界等级最高的人工深水港。2015年,该港口货物吞吐量已超过5.4亿吨;集装箱吞吐量已突破1411万标准箱;在港口货物吞吐量方面已经跻身全球第四的位次。[1] 河北港口集团是2009年7月在秦皇岛港务集团基础上组建的大型港口企业,目前主要经营秦皇岛港、唐山港曹妃甸港区、沧州黄骅港综合港区,2015年集团完成港口吞吐量3.7亿吨,集装箱吞吐量突破100万标准箱。[2]

第二,京津冀地区对外交通的协同发展。尽管京津冀地区从总体来看在海陆空三个层面均具有较好的对外交通设施,但是如果做不到合理分工、协同发展,不仅难以最大限度地挖掘现有运力,而

---

[1] 方正:《天津港:全球货物吞吐量第四大港》,《人民日报》2016年5月19日第13版。
[2] 《河北港口集团有限公司2015年社会责任报告》,搜狐网(https://www.sohu.com/a/77095035_114984)。

且可能形成内部的不良竞争,从而带来效率的损失。幸运的是,在京津冀协同发展这一大的战略背景下,京津冀地区航空、港口以及铁路等领域的协同发展已经迈出了实质性的步伐。

(1) 航空运输的协同发展。根据中国民航局 2014 年 12 月发布的《关于推进京津冀民航协同发展的意见》,到 2020 年,首都机场、北京新机场(在建)、天津机场和石家庄正定机场四个机场将实现一体化运营,从而基本形成与京津冀城市群发展相适应的民航发展格局。此外,为了避免区域内部的恶性竞争,实现协同发展,在差别定位方面,首都机场将重点定位为中远程国际航线航班、港澳台和内地重点干线航班;天津机场将重点拓展国内的中转航线、周边国际旅游航线以及货运物流等;而石家庄机场将着力发展航空快件、货运包机、低成本航空等特定市场。

(2) 港口领域的协同发展。2014 年 8 月,天津港集团宣布与河北港口集团共同出资 20 亿元,组建渤海津冀港口投资发展有限公司。公司主要是按照"优势互补、互利共赢、港口一体化发展"的原则,以市场为导向、以资本为纽带、以项目为抓手,统筹规划利用天津、河北两地的港口资源及航运要素,不断优化京津冀区域港口的合理分工和产业布局。

(3) 航空与铁路的协同发展。除了航空和港口领域的内部协同发展,京津冀地区在航空与铁路运输的协同发展方面同样取得了巨大进展。目前位于北京西站北广场售票大厅旁的"石家庄正定机场北京西站城市航站楼"已经正式启用,以后在北京西站就可以实现石家庄正定机场的购票、航班查询以及值机服务,而且正定机场相关负责人表示:从北京前往正定乘坐飞机的旅客,可以全额报销往返高铁票,坐第二天早班机的北京旅客还将免费享受一晚酒店住宿。此外,天津机场目前也在北京南站建立了城市航站楼,以便真正实现"空铁联运、协同发展"。

2. 虽然近年来京津冀地区内部交通的一体化发展有所进展,但一体化程度不高,仍有大量工程项目需要开工建设。

2015年11月，经国务院及京津冀协同发展领导小组同意，交通运输部联合国家发改委制定的《京津冀协同发展交通一体化规划（2014—2020年）》已经获批。根据规划，京津冀交通一体化主要有六项核心任务：（1）打造"轨道上的京津冀"，重点建设京津冀区域城际铁路网，连接所有地级及以上城市。（2）完善公路交通网，加快推进首都地区环线等区域内国家高速公路建设，打通国家高速公路的"断头路"。（3）构建现代化的津冀港口群，推进天津的北方国际航运核心区建设，拓展河北省的港口临港工业、现代物流等服务功能。（4）打造国际一流的航空枢纽，加快北京新机场建设，显著提升北京航空枢纽的国际竞争力，增强天津滨海机场的区域枢纽作用，建设国际航空物流中心，充分发挥石家庄正定机场的比较优势，逐步培育成为区域航空枢纽。（5）发展公交优先的城市交通，推动北京、天津、石家庄中心城区公共交通占机动化出行比例达到60%，保定、唐山等较大城市中心城区公交出行比例达到50%，中等城市中心城区公交出行比例达到40%。（6）打造平安交通、绿色交通，统一京津冀地区机动车注册登记、通行政策、机动车排放标准、油品标准及监管、老旧车辆提前报废及黄标车限行等政策。

据悉，规划落实到位后，京津冀地区的内部交通有望实现本质性突破：（1）区域内快速铁路将覆盖所有地级及以上城市，高速公路覆盖所有县城，形成京津石中心城区与新城、卫星城之间的"1小时"通勤圈，京津保唐"1小时交通圈"，相邻城市间基本实现1.5小时通达。（2）建成北京、天津、石家庄、唐山、秦皇岛5个全国性综合交通枢纽，不同运输方式之间换乘时间不超过10分钟。（3）推动不同运输方式之间客运联程联运，主要城市之间实现交通"一卡通"，农村客运班车实现定线定点、全线定时。

展览会的举办，既要进行大量的展品运输，又要吸引大量观众，如果京津冀区域内部的交通问题解决不好，必然会存在目的地"最后一公里"的瓶颈约束，从而成为制约京津冀会展业协同发展的重要因素。

六 公共服务的协同发展

作为投资和贸易的平台，展览是一种涉及大量跨区域、跨国界的人流、物流和信息流的特殊经济活动，因而展览会的成功举办需要更多政府公共服务的支持。只有这些公共服务协同发展，取消区域壁垒，才能够真正降低会展业的运行成本，为会展业的健康发展注入活力。

根据会展业的运行规律，展览会所需要的公共服务主要包括三种：一是展览场馆所在地提供的常规性公共服务，包括公共安全、医疗卫生、消防、交通疏导等方面的公共服务；二是展览会举办过程中的审批、备案、通关等过程性服务；三是为了吸引更多的展览会，政府还承担着目的地营销的职能。第一种服务主要依托场馆所在地的政府，只要有服务的理念和意识，通常就可以将事情做好，因而本节重点介绍另外三种公共服务的协同发展问题。

（一）展览项目的审批和备案

随着简政放权改革举措的落实，政府对会展业的管制逐步放松，绝大多数展览项目已经由过去的审批制改革到目前的备案制。但是，由于会展活动涉及大量的人员集聚，从公共安全等角度仍然需要获得政府的"批准"。在这种背景下，如何简化审批程序，如何降低审批成本已经成为展览会组织者最为关注的重要问题之一。因此，京津冀会展业的协同发展，首先需要审批和备案环节进一步简化手续、降低成本，实现服务协同。为此，建议京津冀地区设立共同的展览会审批和备案事务中心，为展览会组织提供一站式服务，力争做到京津冀地区的展览项目一旦获批或者完成备案，在京津冀地区任一场馆举办均可得到当地政府的许可。

（二）三地海关协同服务

国际化是会展业的重要特征，展览会的重要使命之一就是促进投资与贸易的全球化搭建平台。因此，展览会的举办涉及人员、展品等多种多样的通关事务。在以往京津冀海关独立运行的背景下，参展企业和参展人员不仅办理的通关手续复杂，而且耗时费力。

在京津冀协同发展的背景下，海关总署已经出台了《京津冀海关区域通关一体化改革方案》，这一方案的目标是"三地通关、如同一关"。方案的主要框架是建设"一中心、四平台"。"一中心"是指建设一个区域通关中心，将原先各自独立的通关管理体系，通过信息网络互联互通，形成区域联动的通关中心；"四平台"是指建设统一申报平台、统一风险防控平台、统一专业审单平台和统一现场作业平台。这种基于京津冀协同发展的通关一体化改革，使跨区域通关更便捷，惠及企业范围更广泛，进出口物流更顺畅，海关服务更到位，也为会展活动的通关服务带来更多便利。

（三）会展目的地协同营销

从全球会展业的发展共性来看，会展活动举办地的政府作为一种公共服务机构承担了大量的会展目的地推广和营销工作。很多会展活动发达的国家和地区还设立了专门的会议旅游局（CVB），该机构的主要职能之一就是加强会展目的地营销。从京津冀地区的目的地营销情况来看，过去北京的意识较强，通过加入国际会议协会（ICCA）和国际奖励旅游协会（SITE）、积极参加全球各地的会展行业交流、发起成立高端旅游联盟等措施，不断对外宣传北京的会展目的地形象。相对而言，天津与河北在专门推广会展目的地形象方面的工作并不多。京津冀会展业协同发展，客观上需要将京津冀地区作为一个会展活动目的地，而不是三个分割的目的地进行促销，这就要求京津冀在会展目的地协同发展方面发出共同的声音，推广共同的形象。为此，建议三地商务和旅游部门建立工作协商机制，通过共同出资设立目的地推广基金、共同制作目的地推广资料、协商选择推广平台等措施，实现京津冀会展目的地协同推广。

七 展览会行业类型协同发展

一个城市的展览类型首先与本地的主导产业和消费特征有关，随着城市经济的影响力和对周边地区辐射能力的提升，展览会的类型也会相应升级到与辐射区域范围的主导产业和消费特征相关。当然，如果一个城市已经发展成为特定区域内国际投资与贸易的中心城市，展览会的类型自然会扩大到本区域最主要的国际投资和进出口产品领域。按照会展业的这些发展规律，京津冀地区的会展业从行业类型选择方面要做到如下协同。

（一）天津市

本书建议将天津定位为以展览为主的综合性国际会展城市，因此，天津的会展业既有为本市产业、投资和消费服务的功能，还有为京津冀地区的产业、投资和消费服务的功能。此外，由于京津冀在经济领域承载辐射中国大北方经济发展和中国与东北亚国家经济合作的核心区功能，天津市重点发展的展览会类型还要充分考虑中国大北方经济地区的产业、投资和贸易特征，同时还需考虑中国与东北亚国家投资和贸易的主导领域。为此，天津在举办大型展览会的场馆设施和服务能力方面需要有明显突破，这样一方面可以承接北京市大型展览会的外移，另一方面需要根据京津冀地区的经济体量和辐射能力，开发一些新的大型展览项目。

（二）北京市

北京无论从历史还是现状来看，都是中国北方地区最具经济辐射能力的国际化大都市，即使按照京津冀协同发展的最新规划，它的未来目标不再是"经济中心"，北京在全国经济中的引领作用也依旧不可小觑。本书建议将北京定位为"以会议产业为主的综合性国际会展城市"，这绝不意味着北京会弱化展览功能，只是在京津冀协同发展中，北京为了疏解非首都功能、有效解决城市拥堵等问题，不再建设大型展览中心，不再继续扩大单体展览规模，但是北京依旧需要用好当前的展览设施，在中小规模的展览市场上做精做强。这意味着，北京市展览会的类型选择既要考虑北京本地的产业、投资和消费，还要考虑京津冀地区的产业、投资和消费，此外也要考虑中国大北方经济发展和中国与东北亚国家经济的合作情况。北京与天津在京津冀地区的经济功能具有较高的相似性，因此，展览会的主要区别不是展览会的类型，而是展览会的规模。

（三）河北省

无论是从发展现状还是从京津冀协同发展中的未来定位来看，

河北省各地市的经济影响力和辐射力主要局限在本地市层面和京津冀地区层面，因而这些地市的会展业需要从本市的优势产业和未来的发展重点出发，通过展览会更好地服务于本市和京津冀的区域经济。此外，在展会的规模上，建议以开发现有展览场馆的承载能力为主，不再新建和扩建展览中心。

根据河北省各地市的优势产业、未来产业的发展目标以及各城市的功能定位，本书建议河北各地市展览会的行业类型定位可以参考表7-1。

表7-1　　　　　　河北各地市展览会的行业类型定位

城市	当前和潜在的优势产业	具有潜力的展会项目
张家口	新能源、装备制造、农副产品加工、休闲旅游、现代物流等产业	培育农业、旅游、物流方面的品牌展会，并不断做大做强现有的冀台经贸洽谈会、中国崇礼国际滑雪节、中国涿鹿中华三祖文化节等会展活动
保定	商务休闲、文化娱乐、体育健身、医疗康复、观光农业、新能源等特色产业	不断提升中国保定敬老健身节、保定易县狼牙山国际登山节、白洋淀荷花节、白沟国际箱包服装节、安国国际药材节等会展活动的影响力
廊坊	电子信息、清洁能源、生物医药、装备制造、食品加工、木材加工及家具制造、黑色金属冶炼及压延加工产业、康体休闲、现代物流、金融保险、新型农业等	做大做强中国·廊坊国际经济贸易洽谈会、碧海（廊坊）钓具展销订货会、中国·廊坊农产品交易会、中国（廊坊）管道装备展览会、廊坊国际热气球节等展会。进一步培育电子信息、休闲旅游、户外运动、健身器材、家具制造等方面新的展会活动。应充分发挥环京津的区位优势，加强与京津会展业的交流与合作，积极承接京津会展项目的转移和配套
唐山	精品钢铁、装备制造、港口物流、电子信息、新型建材、滨海旅游等重点产业，循环经济、海洋经济、清洁能源、电动汽车、高速动车等产业	做强做大中国（唐山）陶瓷博览会、中国·曹妃甸临港产业投资贸易洽谈会、中国河北国际冶金工业博览会、唐山国际汽车展、唐山旅游商品博览会等展会；培育新的展会活动

续表

城市	当前和潜在的优势产业	具有潜力的展会项目
沧州	石油化工、装备制造、冶金建材、临港物流、滨海旅游等产业	努力把中国（沧州）国际管道装备展览会、中国沧州国际武术节打造成国际知名的或全国性的品牌展会；做大做强中国（沧州）国际塑料工业展览会、中国·尚村国际皮草交易会；重点培育机械加工、冶金铸造、石油化工、五金工具、电线电缆等方面的新展会
石家庄	总部经济、文化旅游、商贸物流、生物医药、装备制造、电子信息、纺织服装、现代服务业等产业，现代服务业、文化产业、体育休闲、生态环保等产业	做大做强现有的展会品牌，如中国·石家庄国际医药博览会、河北（石家庄）国际医疗器械展览会、中国北方国际皮革裘皮博览会、中国石家庄文化创意（国际动漫）博览会。围绕发展现代服务业、文化产业、体育休闲、生态环保等产业重点培育新的展会项目
衡水	现代农业、食品加工、精细化工、装备制造、生态旅游等产业	依托优势产业策划展会，并不断提升中国（安平）国际丝网博览会、中国·大营国际皮草交易会的水平
邯郸	重点发展精品钢材、节能环保、精细化工、新材料、装备制造等产业	培育化工、材料、环保、装备制造等方面的展会
秦皇岛	旅游观光、休闲度假、健康养生、高新技术、特色农业、房地产	重点培育旅游类博览会、度假地产博览会
承德	旅游、文化、度假、生态农业	重点培育会奖旅游博览会、生态农业博览会

八 空间布局的协同发展

京津冀会展产业空间布局的协同发展，需要做好如下几个方面的工作。

（一）完善场馆空间布局

北京根据其会议城市定位或以会议为主的会展城市定位，在今后相当长的时间内不应再建设大型展览中心。而天津作为国际展览城市或者以展览为主的会展城市，应在现有展馆的基础上新建、扩建展览中心，以承接大型展览。河北应根据不同城市的会展产业定位不断完善全省会展场馆体系，其会展业"十二五"规划中提出要建设多座场馆，如石家庄市计划建设20万平方米的国际会展中心，张家口市计划建设18.8万平方米的文化会展中心，唐山市计划扩建国际会展中心，廊坊计划的改造国际会展中心等。

（二）积极打造会展产业集群

坚持会展产业链的发展思路，发展项目策划、公关营销、信息咨询、法律服务、广告宣传、展示设计、展览工程、交通物流、电子商务、翻译服务、印刷包装、餐饮住宿、旅游观光等会展产业链。制定鼓励政策和相关措施，引导培育一批专业性强、服务完善的会展龙头企业向京津冀地区集中，协调好会展产业链间的分工与合作，在京津冀地区打造会展产业集群。

（三）优化不同城市展览项目的空间布局

各城市应根据自己产业特点发展已有项目并培养新的项目，防止京津冀地区内不同城市之间展览项目的恶性竞争。

（四）加强不同城市内部展览集聚区的空间布局研究

城市内部会展产业的发展也要遵循科学的空间布局规律。一般来说，会展产业的发展会依托会展中心集聚发展，形成会展产业集聚区。但也不排除有些城市摆脱展览中心的限制，用产业链发展的思维，通过完善产业链的方式来发展本地区的会展产业。

九 人才培养的协同发展

会展专业人才是推动行业健康发展的核心要素。缺乏一流的专业人才，很难打造一流的产业。可喜的是，伴随着京津冀地区会展业的发展，进入21世纪以来会展专业人才的培养方面已经取得了巨大进展。

首先，从北京的情况来看，由于北京作为中国的首都和中国北方最具影响力的城市，科技与教育资源非常丰富，在会展人才培养的意识和实际成效方面,均取得了显著的成绩。早在2002年,北京就已经在北京第二外国语学院、北京城市学院等高校开设了会展方向,成为国内最早开办会展教育的城市之一。目前,北京设置会展专业且面向全国招生的高等院校已达十余所,涵盖专科教育、本科教育以及研究生教育三个层次。北京还是最早成立会展行业协会的城市,于1998年成立的北京市会议会展业协会为北京会展人才的培养做出了积极贡献。

其次,从天津的情况来看,目前天津市已经有十余所高校(包括高职院校)开设了会展专业,但与北京相比,还是呈现出数量少、起步晚的特点。通过查阅天津市和北京市2015年各大学的招生简章可以看出,目前天津市共有3所高校设置了"会展经济与管理"本科专业,此外还有8所设有"会展策划与管理"的高职院校。天津市的这些院校会展专业的设置时间较短,培养会展中高端人才的数量有限。其中,南开大学于2008年才开始设立会展经济与管理专业,2012年会展本科专业毕业29人,2013年毕业26人。继南开大学之后,天津工业大学和天津财经大学的会展经济与管理专业才先后开始招生。除此之外,在《天津市促进会展业发展办法》中,对符合本市需求的高级会展人才,提出了享受户籍迁入、子女入学等优惠政策。

最后,从河北的情况来看,目前河北省还没有形成有特色的会展教育培训机构,会展专业人才培养滞后于会展产业的发展。截至目前,河北省开办会展教育专业的院校数量为8个,其中,本科院校有石家庄铁道学院、河北经贸大学、廊坊师范学院等,其余多为专科教育。

总之,从京津冀地区的总体情况来看,该区域的产业和教育资源均比较丰富,因而在会展专业人才培养方面具有良好的基础。首先,从学历教育来看,已经形成了从专科、本科、硕士研究生多层次的教育体系,而且南开大学等全国知名高校涉足会展教育后,为更高层次的博士研究生培养奠定了基础。其次,从职业教育来看,京津冀三地的会展行业协会已经开展了大量的短期培训、职业资格培训、中外合作培训等多种类型的在职培训。最后，在引进外部专业人才方面，北京、天津也分别出台了有竞争力的人才引进政策。这些措施在京津冀地区会展专业人才的培养和引进方面发挥了重要作用。

当然，在专业人才的培养与引进方面，京津冀三地目前的协同性依旧较差。这集中表现在：(1) 三地高校在会展专业的招生方面缺乏协同，各地仅仅按照自身的办学资源和市场需求来决策招生的类型和规模。(2) 三地的在职教育缺乏统一的规划，缺乏共同认可的专业人才资质，各种教育培训活动缺乏共同标准。为此，建议如下：一是加强京津冀教育部门的沟通，在会展专业的招生类型和规模方面做出统一协调；二是加强从事会展教育的高校之间的沟通与交流，通过成立京津冀会展教育联盟等方式，促进高校之间的交流；三是加强京津冀三地会展行业协会的沟通，寻求会展在职人员培训方面的协同发展。

第八章 研究结论与对策建议

综合前文的分析可以看出,京津冀会展业协同发展既是推动京津冀协同发展战略的有机组成部分,也是京津冀会展业扭转当前颓势、谋求自身可持续发展的必由之路。

本书在对京津冀会展业发展现状进行系统总结和科学研判的基础上,通过借鉴已有的研究成果以及长三角、珠三角地区会展业的协同发展经验,不仅从理论层面对京津冀地区会展业协同发展的必要性和可行性进行了比较系统的分析,而且结合京津冀会展业发展中出现的问题和成因,为京津冀地区会展业的协同发展设计了逻辑清晰、可行性较强的框架和路径,并在此基础上提出了有针对性的对策建议。[①]

第一节 研究结论

一 主要结论与创新之处

(一) 主要结论

通过研究,课题组形成四个方面的主要结论:(1) 会展业作为一种重要的投资、贸易与信息交流平台,在一个城市内部需要有非常严格的产业秩序,在一个大的经济区内部更需要协同发展,否则

[①] 本章中的部分内容已经作为课题组阶段性研究成果发表在《中国展览经济发展报告(2016)》(中国贸促会发布)和《中国对外贸易》2016年第8期。

不仅会带来会展产业内部的竞争，而且有可能增加参展商和观众的交易成本。（2）京津冀是地域相连、城市定位差异化明显、产业结构互补性明显的三个地区，会展业的协同发展不仅有利于发挥各自的区域优势和经济特色，从而形成差异化的发展定位，而且有利于降低区域间的竞争，形成会展业在京津冀大区域内的良性循环。（3）会展业作为一种对城市环境影响较大、资源占用较多的现代服务业，对目前北京市的交通、住宿、餐饮等行业带来较大压力，实行协同发展，不仅有利于优化北京的人口、资源与环境压力，而且有利于发挥特色，提升北京会展业的运行质量。（4）会展业是一种对基础设施、交通、安全等公共服务具有较高依赖性的现代服务业，京津冀地区政府高效率的公共服务协作机制是保障三地会展业协同发展的重要因素。

（二）创新之处

与已有研究相比，本书主要有三个方面的创新：（1）在研究视角与思路上，尝试从城市功能定位、产业结构布局、基础设施共享、公共服务协同四维视角，分析京津冀地区会展业的功能定位、差异化发展策略、资源共享路径和公共服务协同战略，探讨会展业突破行政区划限制、实现区域协同发展的可行性。从已有的文献来看，前期的研究非常匮乏，本书提供了一个较为新颖的分析框架。（2）在研究方法上，结合会展业的产业特征和影响因素，提出了基于城市定位、产业特色、资源共享、公共服务协同的"差异定位、协同发展"的模式，并通过理论分析、典型访谈、比较研究、统计计量等方法，对京津冀会展业的发展现状、与可比较目标的发展差距、当前存在的主要问题以及成因等进行了科学论证和客观研判。（3）在政策体系上，提出了区域协同规划、政策相互衔接、基础设施共享、公共服务协同、人才培养协作等多元化的政策构架，无论在理论上还是在对策建议上都有明显突破。

二 对京津冀地区会展业发展现状的总体研判

通过对全国会展业发展状况以及京津冀地区会展业发展态势的

分析，本书对京津冀地区会展业目前的状况和短期内的发展趋势做出如下基本判断。

第一，会展业对地区产业的引领作用不突出，具有全球影响力的品牌展会数量少。会展业作为一种战略性先导产业，在区域经济发展中具有重要的引领作用。许多知名展览会已经成为区域强势产业的标签，在树立区域产业形象方面发挥了重要作用。例如，中国义乌国际小商品博览会（简称义博会）使浙江义乌这个县级小城升华为中国乃至世界知名的小商品制造中心，提起小商品，越来越多的人会首先想到义乌。又如，中国国际高新技术成果交易会（简称高交会）更是举起了深圳二次创业、进军高科技产业的大旗，在推动深圳产业升级、培育深圳高科技产业等方面发挥了重要的引领作用。京津冀地区近年来虽然也在不断推动会展业的发展，但是像高交会、义博会等这些具有明显区域特征和广泛国际影响力的品牌展会严重缺乏，会展业对地区产业的引领作用不突出。

第二，京津冀地区在全国三个经济圈会展业中的相对地位日趋衰落。过去曾经在中国会展业中并驾齐驱的京津冀、长三角、珠三角三大经济圈，经过最近十余年的发展与变迁，而今再也无法"称兄道弟"，在展览行业影响力方面的差距已经明显拉开。从前面的分析可以得知，京津冀地区的展览业在展览会数量、规模、场馆设施、品牌影响力等多个层面不仅远远落后于长三角地区，而且也明显落后于珠三角地区。

第三，展览会与地区经济的黏性差，展览外流现象明显。北京作为京津冀地区的龙头城市，在举办展览会方面拥有多方面的优势，过去数十年中也培养了中国国际服装服饰博览会（CHIC）、中国国际汽车商品交易会（CIAPE）等许多具有国际影响力的展会，但是从最近几年的发展态势来看，这些展览与北京地区的经济黏性并不紧密，相继迁移上海举办之后，不仅市场没有受到影响，办展规模反而呈现出明显的上升态势。以中国国际汽车商品交易会（CIAPE）为例，该展会过去长期在中国国际展览中心（老馆）举办，由于场地面积制约，2013年的展出面积只有7万平方米，2014年移师上海国家会展中心后，增长迅速，展出面积达到12万平方米，2015年更是突破了18万平方米。①

第四，区域内部会展业的协同效应不强，不同城市间竞争激烈。尽管京津冀协同发展已经上升为国家战略，在交通、通信等多个领域已经有实质性的协同发展举措并取得了良好成效，但是在展览领域，目前既缺乏官方的协同发展机制，也缺乏民间的协调与合作通道。作为促进投资和贸易的重要平台，会展业不同于一般的竞争性行业，会展业的健康发展首先需要克服同一主题的展会在相近区域内部的恶性竞争，需要在主题、档期等方面做出协同安排。目前，长三角、珠三角等会展业发展相对成熟的地区均已通过"长三角会展城市联盟""珠三角会展城市联盟"等多种形式的合作机制，加强了地区之间的协调。京津冀地区虽然在政策上存在区域协同发展的驱动力量，但事实上会展业至今仍然没有形成有效的合作机制，当前散乱的场馆布局甚至加剧了区域内部会展业的竞争。

三　导致京津冀会展业各种问题的主要原因

尽管过去十余年间京津冀地区十分重视会展业的发展并取得了较好的成效，但目前依旧存在会展业对区域经济引领作用不突出、知名品牌展览会数量少、区域内部协同发展不够顺畅、名优展览频频外流等诸多问题。诚然，这些问题的产生既有需求方面的原因，也有供给方面的原因，但毋庸置疑的是，无论从经济总量、区位优势还是经济辐射能力来看，京津冀地区的会展业均具有巨大的发展潜力。这种发展潜力之所以没有转化为现实的市场，甚至出现"北展南移"的现象，本书认为最根本的原因主要有如下几个方面。

第一，京津冀地区经济总量和市场规模的相对萎缩，是导致会展业衰退和"北展南移"的深层市场原因。据统计，2015年长三

---

① 刘大可：《三阳交泰——用供给侧改革激发京津冀展览业的新活力》，《中国会展》2016年第15期。

角、广东省和京津冀的地区生产总值分别为11.3万亿元、7.3万亿元（其中，珠三角5.8万亿元）和6.9万亿元人民币，其中长三角和广东省分别比上一年度增长8.2%和8.0%，而京津冀地区除天津保持了9.3%的增速外，北京与河北的增长率均降到7%以下，分别为6.9%和6.2%。[①] 改革开放以来，尽管京津冀地区的经济取得了前所未有的成就，但是与长三角以及广东省（含珠三角地区）相比，不仅经济总量逐步拉大了差距，而且在增长速度方面也呈现出进一步放缓的态势。特别是在新一轮供给侧结构性改革中，河北更成为压缩产能的重灾区。会展业是服务于投资和贸易的平台产业，会展业与区域经济相伴而生、相互促进，京津冀地区经济增速的放缓进一步打击了展览会举办者的信心，从而导致很多展览会更加倾向在经济活跃的长三角和珠三角地区举办。

第二，场馆供给不足严重压缩了展览会的成长空间。过去的十余年间，在强劲的需求拉动和各级政府的大力支持下，中国会展业异军突起，不仅展览会的数量迅速增多，展览会的规模和影响力同样在不断提升，许多展览会已经逐步跻身亚太地区甚至全球的前列。如前文所述，目前全国已有120余个展览会的展览面积超过10万平方米，已有30余个展览会的展览面积超过20万平方米。遗憾的是，京津冀地区除了中国国际展览中心新馆和石家庄国际会展中心的室内展览面积刚好达到10万平方米，其余展馆均为中小展馆，根本无法满足规模迅速增长的会展业发展需要。展馆容量是制约展览会发展的基础要素，由于京津冀地区10万平方米以上展览场馆的严重短缺，很多大型展览会只能选择在广州和上海等地举办。另外，伴随着京津冀地区展览会规模的扩大，如果没有新的场馆建成，将来可能有更多的展会选择外移。

第三，北京特殊的城市功能定位与会展业的发展存在冲突。作

---

① 刘大可：《京津冀展览业衰落的原因探析与解决之道》，《中国对外贸易》2016年第8期。

为京津冀地区的中心城市，北京在市场规模、基础设施、人力资源等多方面均具有举办大型展览会的独特优势。但是，作为中国的首都和人口超过 2000 万的特大型城市，北京在疏解城市压力、保障首都功能和促进会展业发展的过程中存在许多现实冲突。一方面，作为国家的首都，北京近年来先后举办了中华人民共和国成立 60 周年庆典、亚太经合组织（APEC）峰会、纪念中国人民抗日战争暨世界反法西斯战争胜利 70 周年大会等多个大型活动。当这些活动与贸易展览发生时间冲突的时候，为了更大的国家利益，许多展览活动不得不延期举办甚至取消，这在一定程度上给会展业的发展带来了负面影响。另一方面，为了疏解城市拥挤、确保城市安全，在北京举办展览会不仅需要履行更加严格的审批程序，而且在防火、防爆、防突发事件等方面也有更高的要求。在北京举办展览会面临许多现实困难而天津、河北的承接能力没有相应跟上的情况下，京津冀地区会展业的整体下滑和大型展览会的南移自然会成为不可阻挡的趋势。

第四，会展业的扶持政策相对滞后。会展业作为一个具有明显"外部经济性"的特殊行业，在绝大多数国家和地区都得到了财政、税收等多方面的政策扶持。在我国特殊的市场经济体系下，各地会展业的发展与政府的政策支持力度更是紧密相关。最近十余年来，上海、广州、深圳、成都、重庆等城市之所以能够领跑中国会展业，除了自身具有较大的市场需求，显然还得益于这些地区政府的强力支持。以深圳为例，早在 2004 年深圳市政府就出台了《关于发展深圳会展业的意见》，提出了会展业国际化、市场化、专业化的指导方针和创建"知名会展城市"的目标，并将会展业正式作为一个新兴产业纳入了深圳市产业发展规划，这为深圳会展业的快速发展提供了政策保障。2015 年 3 月国务院发布了《关于进一步促进会展业改革发展的若干意见》之后，深圳市政府面对新的发展机遇，于 2015 年 11 月 9 日正式宣布启动深圳国际会展中心项目建设，该会展综合体规划建设 50 万平方米，拟投资超过 800 亿元人民币，政府对会展业的反应速度和支持力度由此可见一斑。虽然近年来京津冀地区的政府部门对会展业的发展同样表现出较高的热情，但是在具体可行的政策供给方面依旧处于相对滞后的状态。特别是与上海、广州等传统展览中心城市以及成都、重庆等新兴热点展览城市相比，京津冀地区的政策支持力度明显不足。

第五，公共服务供给不足，区域间的协调机制尚未形成。展览会作为人流集中、涉及面广、影响力大的特殊活动，迫切需要交通、消防、公共安全、海关、新闻传播等多方面公共服务的支持。但是从现实情况来看，不仅京津冀三个地区的公共服务没有形成联动机制，即使在各自区域内会展业的公共服务也存在严重不足。

第二节　对策建议

基于上述研究发现以及京津冀会展业目前存在的问题，为推动京津冀会展业的协同发展，本书提出以下几个方面的对策建议，供相关政府部门及机构参考。

一　政府需要从促进京津冀协同发展的战略高度重新审视会展业的价值

长期以来，人们对会展业价值的研究和宣传中，最流行的是会展业对主办城市的经济拉动效应，即展览会的举办能够有力带动主办城市的创意策划、广告传媒、装饰搭建、住宿餐饮、交通物流、观光旅游等多个领域的发展。事实上，会展业更深层的价值是能够给主办地区带来全球最新的商业理念、最新的生产技术、最有价值的商业信息和最全的贸易网络，从而为区域经济发展注入新动力。

实际上，会展业作为一个服务于投资和贸易的平台行业，在整个社会经济运行中起到了明显的"加速器"作用。在区域经济上行的时候，蓬勃发展的经济态势为会展业带来了更多的商业机会，能够吸引更多的展览会前来举办；而展览会又给区域经济注入了更多的劳动力、资金、技术、信息等要素,从而进一步加速了经济的增长。相反,区域经济下行的时候,必然会打击展览会举办者的信心,迫使更多的展览会离开本区域而寻找更好的发展机会,而展览会的流失又会进一步缩减劳动力、资金、技术和信息等要素的注入机会,从而使区域经济雪上加霜。

由此来看,会展业的兴衰成败不仅仅是展览行业内部的事情,更关系到区域经济的长远发展。因此,京津冀地区的政府部门需要从服务国家战略的高度,重新定义会展业在促进京津冀协同发展过程中的地位和作用,充分发挥会展业的产业引领价值,将会展业培育成促进京津冀协同发展的重要引擎。

二 协同制定京津冀地区统一的会展业发展专项规划

通过制定国民经济和社会发展规划来引导社会经济健康发展已经成为我国政府宏观管理的重要举措和宝贵经验。各级政府每隔五年时间,不仅会制定综合性的国民经济和社会发展规划,而且还会结合社会经济发展的需要,选择一些重点领域做出专项规划。

伴随着中国会展业的快速发展和综合影响力的提升,越来越多的城市开始重视会展业的发展,不少城市已经将会展业纳入近年来国民经济和社会发展的总体规划中,有的城市还专门制定了会展业的专项规划。在京津冀地区,北京市"十一五"期间出台了《北京市"十一五"时期旅游业及会展业发展规划》,"十二五"期间旅游业与会展业分开,正式出台了《北京市"十二五"时期会展业发展规划》;河北省2005年颁布了《河北省会展业发展规划纲要(2006—2010年)》,2014年颁布了《河北省会展业"十二五"发展规划》;天津市虽然没有出台关于会展业的专项规划,但是由市政府每年印发的《天津市大型会展论坛活动计划》,对政府主办的会展活动、以政府名义主办的活动以及中央部委在天津举办并且需要市政府提供服务的活动做出了清晰界定。

从京津冀三地政府已经出台的会展活动规划和计划来看,其主要出发点和目标导向是从本地会展业发展的实际情况出发,来规划本地会展业的产业规模和发展重点。毋庸置疑，这些规划和计划对促进本地会展业的发展曾经发挥了积极作用，但是目前面临的最大问题是，这些规划和计划工作并没有放在京津冀协同发展的国家战略背景下统筹考虑，从而导致这些规划不仅没有实现协同效应，反而导致京津冀地区会展资源的总体不足和局部过剩共存、京津冀地区整体会展竞争力下滑和内部市场竞争激烈并存等尴尬状况。

为此，在新的时代背景下，建议京津冀三地政府在"十三五"期间，从协同发展的视角对京津冀会展业的未来发展做出统一规划，特别是在展览场馆布局、展览规模布局、展览行业布局等方面做出统筹安排，真正实现区域内部各城市间优势互补、错位发展，同时积极引导京津冀地区现有大型展览会在区域内部合理流动，采取切实措施防范本区域展览会的进一步外流。

三 优化场馆布局，重新规划建设大型会展场馆

从前文的研究结论中可以看出，21世纪以来京津冀地区的会展业在长三角、珠三角和京津冀三大经济圈的相对地位不仅"日渐衰落"，而且近年来还出现了比较频繁的"北展南移"现象。京津冀地区会展业目前的困境，纵然有政府扶持力度不够、公共服务水平不高、产业基础不牢等多方面的原因，但毋庸置疑的是，展览场馆规模不够、功能陈旧已经成为制约该地区会展业发展的严重短板。展览中心是举办展览会的核心场地，如果京津冀地区在展览中心建设方面不能实现有效突破，不仅将严重制约京津冀地区本地会展业的发展，而且未来可能有更多展览会转移到其他地区举办。

事实上，在过去十余年间，为了抓住国家大力发展会展业的良好机遇，京津冀地区通过新建、改建、扩建等多种措施，在场馆建设方面已经取得了较大进展。遗憾的是，这些展览场馆都是在特定的历史背景下各地方从自身利益出发设计兴建的，普遍存在单体规模小、发展定位雷同、配套设施不全、软硬件落后等多种弊端，不仅没有起到区域协同发展的效应，低水平的重复建设反而导致了区域内部的恶性竞争。资料显示，京津冀地区目前除了中国国际展览

中心新馆（10.68万平方米）和石家庄国际会展中心（10万平方米）刚好达到10万平方米的规模外，其他场馆的展览面积绝大部分在5万平方米以下。特别值得一提的是，2011年9月天津争取落户的"天津国家会展中心"项目，由于多种原因已于2015年4月暂停，而且在京津冀协同发展的大背景下，该项目当前的选址可能在推进京津冀协同发展方面难以发挥积极作用，从而决定了该项目能否按原来的计划推进还面临着越来越多的未知因素。与京津冀地区在展览场馆建设中面临的这些困境形成鲜明对比的是，上海的国家会展中心目前已经建成投入使用的室内展览面积为40万平方米，广州中国进出口商品交易会展馆室内展览面积为33.80万平方米，2016年深圳还在宝安空港新城开建50万平方米的国际会展中心。南方地区这些现代化大型会展中心的投入运营，使京津冀会展业的发展形势日趋严峻。

那么，如何科学规划京津冀地区展览场馆的未来布局呢？本书认为关键需要考虑两大因素：一是从有利于京津冀协同发展的战略布局出发合理选址，让展览场馆成为推动京津冀协同发展的助推器，确保展览场馆成为京津冀协同发展的成果和促进协同发展的平台。二是要依据会展业自身的发展规律，尽力选择区域对外交通枢纽地段，以确保展览期间的人流和物流畅通。遵循上述两个基本原则，本书认为在京南机场附近区域建设40万平方米左右的大型展览中心，同时配套启动京津冀会展产业园建设，应该是一种较为理想的选择。一方面，该机场地处北京大兴、河北廊坊和天津武清交界处，对京津冀地区的辐射能力强；另一方面，空港经济与会展经济的协同发展有助于形成合力，迅速提升区域竞争力；此外，从会展业自身的发展规律来看，便利的航空交通能够成为推动会展业发展的有力支撑。当然，这种构想的科学性和可行性尚需做出进一步的研究和论证。

四 优化政府扶持方式，实现政府扶持的目标协同

从近年来的发展态势来看，北京、天津、河北都比较重视会展业的发展，分别出台了大量的扶持政策，从土地规划、场馆建设、项目引进、人才培养等多个方面采取了一系列措施，推动会展业的发展。但是，从这些政策的实施效果来看，一方面导致了展览中心的重复建设，另一方面引发了展览市场的内部竞争。这不仅没有形成协同发展的格局，而且导致了目前京津冀地区会展业"规模小、主题散、效果差"的局面。因此，通过政府间的协同运作，站在提升京津冀会展业总体实力的角度，进一步优化政府支持方式，加大政府扶持力度，通过政府间合作来形成合力，已经成为提升京津冀地区会展业总体实力的必然选择。

五 优化制度和政策供给，促进协同发展的体制与机制创新

从制度供给来看，京津冀协同发展战略不仅是对城市群建设的探索，同时也是实现不同行政区域间协同发展体制与机制的创新。京津冀协同发展的目标不仅在于提升京津冀地区的自身竞争力，更在于发挥京津冀地区作为中国北方经济中心的作用，提升京津冀地区对中国北方经济的辐射能力，进而推动中国北方地区与东北亚国家的合作。展览会作为区域经济发展的引领平台，需要在京津冀协同发展中发挥其应有的作用。为此，京津冀会展业的协同发展，同样需要在决策体制和机制上实现创新。这种创新不仅需要体现在一般意义上的工作互动，更需要在产业规划、产业布局、投资机制、利益均衡等方面做出统筹安排和统一决策。从政策供给来看，主要是实现管理和服务机构的整合。为此，一是要站在服务京津冀协同发展的高度，加大对会展业的政策扶持，从土地使用、人才培养、财政补贴、税收减免、贴息贷款等多个层面给会展业提供优惠支持；二是要从优化公共服务的视角，简化展览会审批和备案程序，从海关、交通、公安、消防等多个层面形成京津冀地区之间的互动，使这些公共服务成为确保展览会成功举办的强力保障，而不要成为展会组织者一道道难以逾越的门槛。

六 推进京津冀会展人才培养协同发展，全面提升人才素质

展览业属于"轻资产"的领域，对人力资源的依赖度高，展览

业的竞争力更多地来自从业人员的策划、创意与服务。因此，京津冀展览业的协同发展需要在人才培养领域率先突破。遗憾的是，目前京津冀地区会展专业人才的培养同样处于相对滞后的状态。首先，从会展专业在校生的数量来看，2015年京津冀三地在校生总数为5627人，而广东一个省就高达6648人，长三角地区仅浙江和上海两省市合计则为6632人。其次，从开设会展专业的高等院校数量来看，目前全国已有225所高职院校和101所普通高校开设了与会展相关的专业，而京津冀三地的高职高专院校目前只有32所，本科院校仅有16所，大部分会展院校同样集中于长三角和珠三角地区。① 最后，从人才培养的协同发展来看，京津冀三地的高校目前基本处于"老死不相往来"的隔离状态，不同地区人才培养之间的交流既缺乏政府的推动，也缺乏高校间的主动沟通。而在长三角地区，不仅高校之间通过研讨会、论坛等形式建立了经常性的交流机制，而且推出了共同认可的"会展业岗位能力认证"项目，该项目考试合格者将获得长三角紧缺人才培训中心颁发的长三角紧缺人才岗位能力证书，此证书已经得到上海、南京、杭州、宁波、无锡、苏州六城市的共同认可。因此，京津冀地区会展人才的培养，一方面需要加大政府扶持的力度，鼓励高校、协会、专业培训机构等多种主体充实到会展人才培养的队伍中；另一方面需要通过学术会议、职业资格共同认证、科研项目合作等多种途径，为会展人才培养工作提供沟通与交流平台，通过协同发展提升人才培养质量。

---

① 刘大可：《京津冀会展业战略布局与协同发展研究》，载《中国展览经济发展报告（2016）》，第103页。该报告由中国国际贸易促进委员会发布。

参考文献

蔡荣军：《珠三角会展业的优劣势分析及发展对策》，《特区经济》2006年第2期。

陈哲、刘学敏：《"城市病"研究进展和评述》，《首都经济贸易大学学报》2012年第1期。

段迎豪、樊丽丽：《基于菱形理论的河北会展业竞争力研究》，《经济研究参考》2014年第44期。

方忠权：《大珠三角地区会展业发展前景分析》，《特区经济》2005年第4期。

方忠权、王章郡、刘莉：《珠江三角洲会展企业空间格局变动》，《中国人口·资源与环境》2013年第7期。

方忠权：《广州会展企业空间集聚特征与影响因素》，《地理学报》2013年第4期。

付桦：《长江三角洲会展业空间格局研究》，硕士学位论文，华东师范大学，2006年。

葛月凤：《长三角地区会展业联动发展研究》，《上海经济研究》2009年第11期。

韩向辉、郑建瑜：《长江三角洲会展业联动存在的问题及对策分析》，《经济论坛》2010年第4期。

何晓民、黄丽华：《促进长三角地区会展业发展的对策》，《价格月刊》2007年第3期。

贺宇涛：《河北省会展经济的现状、问题及对策》，《河北学刊》2014年第2期。

胡彬：《世博会对长三角区域联动发展的影响效应与促进作用》，《当代财经》2009年第5期。

康燕燕：《珠三角会展经济产业带的SWOT分析及策略选择》，《特区经济》2009年第3期。

李海霞：《会展城市竞争力模型与评价指标体系研究》，《河南商业高等专科学校学报》2008年第6期。

李力、余构雄：《珠江三角洲和香港展览业区域竞争力比较》，《国际经贸探索》2009年第12期。

李娜：《长三角区域会展场馆合作模式研究》，《江苏商论》2008年第9期。

李玺：《城市商务旅游竞争力：评价体系及方法的创新研究》，《旅游学刊》2010年第4期。

梁赫、张梦新：《世博会对长三角城市会展格局新变化的影响研究》，《华东经济管理》2010年第6期。

梁晓林、谢俊英：《京津冀区域经济一体化的演变、现状及发展对策》，《河北经贸大学学报》2009年第11期。

林永莲：《天津会展活动中的文化创新性研究》，《包装工程》2012年第16期。

刘邦凡、华继坤、詹国辉：《京津冀区域经济一体化与河北沿海地区发展》，《中国商贸》2013年第34期。

刘翠兰：《我国城市化发展的新趋势——组建大型城市群》，《城乡建设》2002年第10期。

刘大可、雒晓晓：《北京展览业市场特征实证分析》，《城市问题》2008年第9期。

刘敏：《基于比较优势理论的北京会展业竞争优势研究》，《北京工商大学学报》2010年第3期。

母爱英、王叶军、单海鹏：《后经济危机时代京津冀都市圈发展的路径选择》，《城市发展研究》2010年第12期。

庞华、黎沛权：《珠三角会展产业链研究》，《上海应用技术学院学报》（自然科学版）2009 年第 1 期。

戚能杰：《会展旅游城市竞争力评价模型研究》，《改革与开放》2007 年第 3 期。

盛蕾：《长三角区域会展行业协会发展状况与对策分析》，《中国商贸》2012 年第 1 期。

孙久文、邓慧慧、叶振宇：《京津冀区域经济一体化及其合作途径探讨》，《首都经济贸易大学学报》2008 年第 2 期。

王春才：《基于比较优势理论的京津冀会展业协同发展研究》，《商业经济研究》2015 年第 15 期。

王春雷：《珠江三角洲和长江三角洲会展业发展比较研究》，《学术探索》2004 年第 7 期。

王海涛、徐刚、恽晓方：《区域经济一体化视阈下京津冀产业结构分析》，《东北大学学报》（社会科学版）2013 年第 4 期。

王云龙：《关于会展经济空间运动形式的分析：以北京、上海与广州为例》，《人文地理》2005 年第 4 期。

夏安桃、许学强、薛德升：《中国城乡协调发展研究综述》，《人文地理》2003 年第 18 期。

肖轶楠、张希华、李玺：《珠三角城市群会展业区域合作机制研究——基于城市吸引力模型》，《经济体制改革》2012 年第 1 期。

许峰：《会展旅游的概念内涵与市场开发》，《旅游学刊》2002 年第 4 期。

衣莉芹：《基于灰色关联分析的北京会展业存在问题及发展对策》，《江苏商论》2011 年第 10 期。

于文波：《天津会展物流的 SWOT 分析》，《物流技术》2015 年第 8 期。

张翠娟、尹丽琴：《高校会展专业人才结构分析及培养途径研究》，《中国成人教育》2014 年第 19 期。

张俐俐：《基于 LQ 系数的广州会展产业集群》，《国际经贸探索》

2009年第12期。

张盛军:《京津冀会展业协同发展初探》,《商业经济研究》2016年第2期。

张颖、梁明伟、郑宏宇:《河北省会展旅游业发展策略研究》,《科技管理研究》2012年第13期。

赵金涛:《河北省会展旅游空间布局模式分析》,《旅游经济研究》2010年第5期。

Baloglu, S., and Love, C., "Association Meeting Planners' Perceptions for Five Major Convention Cities: Results of the Pre-Test", *Journal of Convention & Exhibition Management*, 2001, 3 (1): 21-30.

Bernini, C., "Convention Industry and Destination Clusters", *Tourism Management*, 2009, 30: 878-889.

Bohlin, M., "Traveling to Events", in L. Mossberg, ed., *Evaluation of Events: Scandinavian Experiences*, New York: Cognizant, 2000.

Chacko, H. E., and Fenich, G. G., "Determining the Importance of US Convention Destination Attributes", *Journal of Vacation Marketing*, 2000, 6 (3): 211-220.

Eisenhardt, K. M., "Building Theories from Case Study Research", *Academy of Management Review*, 1989, 14 (4): 532-550.

Getz, D., "Geographic Perspectives on Event Tourism", in A. Lew, M. Hall, and A. Williams, eds., *A Companion to Tourism*, Oxford: Blackwell Publishing, 2004.

Go, F., and Zhang, W., "Applying Importance-Performance Analysis to Beijing as an International Meeting Destination", *Journal of Travel Research*, 1997, 35 (1): 42-49.

Janiskee, R., "The Temporal Distribution of America's Community Festivals", *Festival Management and Event Tourism*, 1996, 3 (3): 129-137.

Jin, X., Weber, K., Bauer, T., "Impact of Clusters on Exhibition

Destination Attractiveness: Evidence from Mainland China", *Tourism Management*, 2012, 33: 1429 – 1439.

Lee, S., and Crompton, J., "The Attraction Power and Spending Impact of Three Festivals in Ocean City, Maryland", *Event Management*, 2003, 8 (2): 109 – 112.

Lee, W., and Josiam, B. M. A., "Framework for Assessing National Convention Tourism Competitiveness: An Exploratory Study", *Journal of International Business and Entrepreneurship Development*, 2004, 2 (2): 105 – 112.

Oppermann, M., "Convention Destination Images: Analysis of Association Meeting Planners' Perceptions", *Tourism Management*, 1996, 17 (3): 175 – 182.

Qu, H., Li, L., and Chu, G. K. T., "The Comparative Analysis of Hong Kong as an International Conference Destination in Southeast Asia", *Tourism Management*, 2000, 21: 643 – 648.

Rod Allan A. De Lara, Chris Ong Siew Har, "Reassessing the Need for the Development of Regional Standards for the MICE Sector for the ASEAN and Asia Pacific Region", *Journal of Convention & Event Tourism*, 2008, 9 (3): 161 – 181.

Sherwood, P., "A Triple Bottom Line Evaluation of the Impact of Special Events: The Development of Indicators", Victoria University, Melbourne, 2007.

Verhoven, P., Wall, D., and Cottrell, S., "Application of Desktop Mapping as a Marketing Tool for Special Events Planning and Evaluation: A Case Study of the Newport News Celebration in Lights", *Festival Management and Event Tourism*, 1998, 5 (3): 123 – 130.

Wicks, B. E., "The Business Sector's Recreation to a Community Special Event in a Small Town: A Case of the 'Autumn on Parade' Festival", *Festival Management & Event Tourism*, 1995, 2: 177 – 183.

Wu, X. J. , Sun, M. J. , "The System Dynamics Analysis on the Evolvement of Mechanism of Convention and Exhibition Industry", in Shen Gang, Huang Xiong, eds. , *Advanced Research on Electronic Commerce, Web Application, and Communication*, Berlin: Springer Berlin Heidelberg, 2011.